岡山大学社会文化科学研究科
学内COEシリーズ 2

地域間の統合・競争・協力

EUと東アジアの現実と可能性

榎本 悟・成廣 孝 編著

大学教育出版

地域間の統合・競争・協力
―EU と東アジアの現実と可能性―

目　次

発刊にあたって ……………………………………………… *1*

第1部　法・政治 ── 統合と比較 ────────── *7*

第1章　欧州人権条約上の財産権保護要件 ……………………… *8*
1. はじめに　*8*
2. 保護対象　*9*
3. 規律行為　*11*
4. 制限要件　*16*
5. おわりに　*23*

第2章　ナショナル・アイデンティティとヨーロッパ統合 ……………*27*
1. はじめに　*27*
2. 先行研究　*28*
3. 方法とデータ　*31*
4. 分析　*32*
5. おわりに　*39*

第3章　取締役の利益相反取引規制の範囲について ……………… *46*
1. はじめに　*46*
2. 利益相反取引の効力・取締役の責任　*47*
3. 適用範囲の縮小　*48*
4. 適用範囲を拡大する解釈　*50*
5. おわりに　*57*

第4章　会社法における企業の社会的責任論の機能 ……………… *62*
1. はじめに ── 企業の社会的責任の発生理由 ──　*62*
2. 「企業の社会的責任論」と会社法学　*64*

3. 株主利益最大化の原則　*66*
　　4. 企業の社会的責任論の会社法学上の機能　*68*
　　5. おわりに　*71*

第2部　経済 ── 競争と協力 ── …………………………………… *77*

第5章　中国企業の福利厚生制度の実態に関する研究
　　　　── 中国東北部・企業へのインタビュー調査を中心にして ── …… *78*
　　1. はじめに　*78*
　　2. 中国における企業の福利厚生制度　*80*
　　3. インタビュー調査の結果　*85*
　　4. おわりに　*94*

第6章　中国特許制度の変遷と特許出願に関する考察 ………… *101*
　　1. はじめに　*101*
　　2. 中国の特許制度　*102*
　　3. 中国の発明特許事業の現状　*110*
　　4. おわりに　*116*

第7章　物流からみた東アジア経済圏 ………………………… *121*
　　1. はじめに　*121*
　　2. 東アジア域内水平分業の進展とコンテナ物流システム　*124*
　　3. 東アジア域内物流市場の一体化　*132*
　　4. おわりに　*141*

第8章　日中韓港湾間関係の現状と連携の可能性
　　　　── コンテナ物流を事例として ── ………………………… *144*
　　1. はじめに　*144*

2. 日中韓港湾間関係の現状と特徴　*146*
　3. 日本の港湾政策の展開と問題点
　　　――スーパー中枢港湾プロジェクトを中心に――　*163*
　4. 日本の港湾政策のあるべき方向　*169*

第9章　在中国日系企業の競争戦略 ……………………………………… *173*
　1. はじめに　*173*
　2. 中国経済の成長と対中国投資概観　*174*
　3. 日系企業の中国進出の意味　*177*
　4. 日系企業の中国市場攻略と現地企業の反攻　*178*
　5. 日系企業の生き残りを賭けて　*183*
　6. コスト問題の解決のために　*194*
　7. おわりに　*197*

地域間の統合・競争・協力
──EU と東アジアの現実と可能性──

発刊にあたって

榎本　悟・成廣　孝

　『地域間の統合・競争・協力』と題する本書は、第1巻『地域統合―ヨーロッパの経験と東アジア―』に続く全3巻シリーズの第2巻目である。本書も岡山大学社会文化科学研究科の学内COEとして、岡山大学の学長裁量経費の助成を得た学内COEプログラム「越境地域間協力教育研究拠点づくり」による国際共同研究の成果である。同プログラムの目的は先の第1巻で次のように述べている。すなわち「東アジアの持続可能な発展にとって中心的な役割を果たすべき日中韓の相互認識と理解を深め、研究教育分野における協力関係を発展させて3国間の越境地域間協力を担う人材（研究者、高度職業人）を育成することを狙いとしている。この目的のために、本プログラムは、一方においてEUにおける地域統合の経験から学ぶためにその実態の研究をすすめ、他方では日中韓の大学・研究機関との研究教育協力ネットワークづくりを進めるものであった」（清水、2010）。

　本書は、第1巻のEU統合の経験を踏まえ、さらに法律や政治の側面から、地域統合が生み出す法的・政治的問題の諸相を論じる第1部と、東アジアおよび中国において、日本企業の現地企業との競争と協力の各種の局面について具体的に論じた第2部から構成されている。これからの日本企業の将来的方向性を探ろうというものである。

本書の構成と著者の紹介

　本書に収められた諸章は、上記の学内COEプログラムによって組織された一連の国際シンポジウムおよび国際セミナーにおける報告を基に執筆された諸

論文である。

　第1部「法・政治―統合と比較―」は、EU統合に代表される地域間協力・交流の深化に伴って生じる法的・政治的問題について検討するものである。

　第1章の「欧州人権条約上の財産権保護要件」は、欧州人権規約発効後の判例の積み重ねによって財産権保護に関する捉え方が大きく変遷してきた点について検討するものであり、ヨーロッパ人権保障システムの深化は財産権保護に関して一般国際法と異なる様相をみせつつあることを示唆するものである。EUの「法による統合」が示すように、法廷による国際的な紛争解決が事実上の統合を進めていくことも多いことから、東アジアにおける地域協力の進展をみる上でも有益な視点であろう。著者の玉田大は2009年9月まで本学社会文化科学研究科准教授を務め、現在は神戸大学法学研究科准教授である。国際法、特に国際裁判研究や国際投資紛争の研究において先端的な研究を進めている。

　第2章「ナショナル・アイデンティティとヨーロッパ統合」は、本学社会文化科学研究科法学系ワークショップ「National Identity, Citizenship, and Immigration」における報告をベースとしたものである。法的・政治的統合の進展に比べてヨーロッパ市民としてのアイデンティティ形成は遅れ気味であり、しばしば「民主主義の赤字」や欧州懐疑主義の原因とされ、注目を浴びている。本研究は国家主権意識、反移民意識が及ぼす影響に関して6か国を対象に比較を行った計量分析であり、国家主権意識、反移民意識がEU統合支持の強さに及ぼす影響は対象国いずれにおいても同一のモデルで表現することができるが、その強弱においては国による違いがあることを明らかにしている。著者の成廣孝は本学社会文化科学研究科准教授であり、主にイギリスにおける政党政治や選挙政治の研究を行っている。

　第3章「取締役の利益相反取引規制の範囲について」および第4章「会社法における企業の社会的責任論の機能」はともに会社法分野の研究である。前者は学内COE国際シンポジウム「アジアにおける規範と価値」（2008年12月）、後者は学内COE日中韓国際シンポジウム「東アジアにおける多文化共生―正義・格差・法治―」（2008年2月）における報告に基づいている。それぞれの

シンポジウムにおいては、日本・中国・韓国における会社法研究において近年重要問題として注目を浴びている利益相反取引規制および企業の社会的責任論の展開について活発な議論が交わされたが、この２つの論文は日本法の観点からこれらの問題を詳細に検討したものである。第３章は詳細な法解釈論によって会社法356条の適用範囲が拡大される類型を整理するとともに、適用がない取引であっても他の取締役、取締役会、株主総会への報告義務が課せられることを示す。第４章は企業の社会的責任論に関する従来の会社法学内在的議論を踏まえながら、社会的責任論が現行会社法規定の弾力的解釈・運用をもたらすことを比較法的観点も交えつつ論じている。日中韓において国際的な商取引が拡大するなか、各国がコーポレート・ガバナンスのあり方について理解を深めることは喫緊の課題となっており、いずれも時宜を得た報告といえよう。第３章の著者である鈴木隆元は本学法務研究科准教授で会社法を研究しており、なかでも株主の権利義務の調整に関する解釈論を主たる研究テーマとしている。第４章の著者である米山毅一郎は本学社会文化科学研究科教授であり、会社法、なかでも利益供与規制などコーポレート・ガバナンスの研究者である。

　第２部「経済―競争と協力―」では、日本企業の東アジアならびに中国における経済的関係における競争と協力の関係ないしは可能性を論じている。
　第５章「中国企業の福利厚生制度の実態に関する研究―中国東北部・企業へのインタビュー調査を中心にして―」では、中国企業の福利厚生制度に関して、渉猟調査とインタビュー調査を基に、今日的な様相を明らかにしている。そこで、判明したことは、今日、あらたな競争局面に入った中国において、企業の福利厚生制度も変容しつつあるが、わが国との協力関係によって相互進展を図れる余地は十分にあることを指摘している。著者の松田陽一は、本学社会文化科学研究科教授であり、人的資源管理論研究の専門家である。
　第６章「中国特許制度の変遷と特許出願に関する考察」では、近年中国の知財に関する法整備が急ピッチに進んでいるなか、中国企業は積極的に知財戦略を打ち出している。こうした背景のもとで、中国知財ビジネス市場への進出、また、国際的な技術標準を作るための国際連携についての日本企業の戦略的な

対応が求められてきている。本論文では、この問題を直接に検討するのではなく、その準備段階である中国の法整備状況、とりわけ特許制度を概観し、日本企業の中国における特許出願の現状に焦点をあわせ、中国国内人、およびアメリカ、ヨーロッパ諸国といった先進国、さらに、韓国との比較分析を行う。そして、今後、日本企業が直面するであろう問題点を探っている。著者の張星源は本学社会文化科学研究科の教授であり、数理統計学の専門家である。

第7章の「物流からみた東アジア経済圏」は、物流という視点からコンテナ物流システムの発展に注目して、東アジア域内における水平的分業関係の拡大進化の現状、特に東アジア経済圏の一体性を支えているハブ・スポーク・ネットワークの現状を説明し、物流面、したがって水平的分業関係においてはすでに一体性をもった地域経済圏が形成されている事実を示している。著者の津守貴之は本学社会文化科学研究科の准教授であり、わが国における数少ない物流研究の専門家の一人である。

第8章「日中韓港湾間関係の現状と連携の可能性―コンテナ物流を事例として―」では、第7章に引き続き津守が担当しているが、日中韓3か国の港湾間関係の現在の構造的特徴を分析することによって、これら港湾間の連携の可能性と必要性あるいは必然性を明らかにしている。そしてこのことに基づいて日本の港湾政策の今後のあるべき方向と内容を整理するものである。

最初の論点については、3か国港湾はそれぞれ、日本主要港はその機能を低下させつつあり、日本地方港は日本主要港との関係を弱め東アジア主要港と連携しフィーダー港となることによって成長してきたこと、韓国の主要港は北東アジアのハブ港機能を日本の主要港からとるとともに日本地方港のハブ港として機能することによって日本地方港の成長を支えてきたこと、また韓国主要港はすでに日本のハブ港の機能をもっており、かつ北東アジアに船を寄港させる要因となっており、日本主要港もその恩恵を被っていること、しかし韓国主要港も中国港湾の急激な成長の影響を受けつつあること、中国港湾については、中国の急激な経済成長とそれによる貨物量の急増が中国港湾の急成長の直接の要因であること、日本主要港にとっても中国港湾との連携は必要不可欠であることを明らかにしている。

第2の論点については、日本港湾はそれぞれ韓国港湾や中国港湾とさまざまな形で連携しているため全国一律の対応はできないこと、とりあえず全国を4〜5のブロックに分け、日本主要港に貨物が集約する仕組みを作るブロックと韓国、中国主要港をハブ港とする仕組みを作るブロックとすることが現実的であることを主張する。

　第9章「在中国日系企業の競争戦略」では、日本企業の中国での競争が、プレミアム・セグメントだけでなく、グッドイナフ・セグメントと呼ばれる巨大な市場での攻防に焦点が移りつつあることを指摘するとともに、そこでの攻防は従来の日本企業が行ってきた経営慣行では十分ではなく、新たに現地中国企業との協力関係を樹立する必要性があることを指摘している。なお著者の榎本悟は2010年3月まで本学社会文化科学研究科で勤務し、現在は関西学院大学国際学部の教授であり、企業の競争優位性の獲得・持続を主として研究している。

　以上の諸章からなる本書は、学内COEプログラム「越境地域間協力教育研究拠点づくり」による国際共同研究の成果の一部ではあるが、その目的からすれば到達点ではなくむしろ出発点である。今後は、本書が展開する議論を踏まえ、さらに東アジアにおける法律、政治、ならびに経済関係の一層の競争・協力・統合の実態が解明されることを期待している。

　最後に、学内COEプログラムおよび本書の刊行を助成してくれた岡山大学、ならびに本書の出版を快く引き受けてくれた（株）大学教育出版にお礼を述べておきたい。

参照文献

清水耕一編著（2010）『地域統合―ヨーロッパの経験と東アジア―』大学教育出版、2010.

第1部

法・政治 ― 統合と比較 ―

第1章　欧州人権条約上の財産権保護要件

玉田　大

1. はじめに

　欧州人権条約第1議定書の第1条は、財産権（the right of property）について次のように規定している（なお、議定書第1条は欧州人権条約への「追加条文」とみなされる。第1議定書第5条参照。また、①②③の番号は筆者が便宜的に付したものである）。

①　すべての自然人または法人は、その財産を平穏に享有する権利を有する。Every natural or legal person is entitled to the peaceful enjoyment of his possessions.

②　何人も、公益のために、かつ、法律および国際法の一般原則で定める条件に従う場合を除くほか、その財産を奪われない。No one shall be deprived of his possessions except in the public interest and subject to the conditions provided for by law and by the general principles of international law.

③　ただし、前項の規定は、国が一般的利益に基づいて財産の使用を規制するため、または租税その他の拠出もしくは罰金の支払を確保するために必要とみなす法律を施行する権利を何ら害するものではない。The preceding provisions shall not, however, in any way impair the right of a State to enforce such laws as it deems necessary to control the use of property in accordance with the general interest or to secure the payment of taxes or other contributions or penalties.

　財産権概念に関しては、法体系間はもとより、各国の社会経済状況から保障程度が大きく異なるため、同条の起草過程では財産権を認めるか否かを含めて多くの議論がみられた（薬師寺、1979）。そのため、今日でも財産権規定の文

言には不明瞭な点が残るが、これに加えて、議定書発効後に蓄積された判例によって財産権保護の捉え方も大きく変遷している。

　財産権の特徴は、権利制限が大幅に認められている点である。第1に、財産の性質上、大幅な制限を受けても、金銭補償（compensation）によって償われ得るため、他の人権（表現の自由や適正手続の権利等）よりも制限を受けやすい点である。第2に、個人財産権を過度に保障すると、国家が自国の経済秩序の変革を遂行するのを阻害することになるため、常に私的利益と社会的必要性の間の均衡が求められる（Aronovitz, 1997）。条文上も、議定書第1条は、一方で①財産権保護を規定しつつ（議定書第1条1項前段）、他方で、②財産剥奪（第1条1項後段）や③財産使用規制（第1条2項）を一定の要件下で認めている。

　なお、人権裁判所の判例では、1980年代に至るまで議定書第1条の違反（財産権侵害）を認定した例は存在していなかったが、Sporrong事件判決（1982年）で同条の違反が認定された後から、違反認定の裁判例が多数みられるようになってきている（この意味で、1982年のSporrong事件判決は「判例上の転換点」あるいは裁判上の「小革命」と評される）。

　以下、本章では、議定書第1条の財産権規定に定められた財産権の内容を明らかにするために、第1に議定書第1条の保護対象である「財産」概念を明らかにし、判例において「財産」概念が拡大解釈されてきた経緯を明らかにする。第2に、議定書第1条が規律対象としている禁止行為の類型を検討する。議定書第1条では、「財産剥奪」と「財産使用規制」という2つの類型が明記されているが、判例では、その他にも第3の類型が認められている。第3に、上記の対象行為はそれ自体が条約違反と判断される訳ではなく、一定の要件が課せられるにとどまる。そこで最後に財産介入要件を検討しよう。

2．保護対象

　「財産」権を保障するものでありながら、議定書第1条は保護対象たる「財産」の定義を定めていない。この点で、人権裁判所は「財産」概念の定義付けを避けつつ、実質的には多様なものを「財産」に含め、拡大解釈を採用して

いる（Frigo, 2000）。裁判所が「財産」の定義を避けるのは、将来の発展的解釈や拡大解釈の可能性を残すためであると考えられる（Condorelli, 1999）。なお、「財産」概念に関する拡大解釈を示した例として、Gasus 事件（1995 年）がある。本件はコンクリート・ミキサー車の押収・売却事案であったが、「財産」概念に関して裁判所は次のように述べている。「議定書第 1 条の『財産』（possessions; biens）は自律的な意味（an autonomous meaning）を有しており、物理的なものの所有に限定される訳ではない。その他の権利や、資産を構成する利益も、議定書第 1 条の目的における『財産権』（property rights）であり、したがって『財産』とみなされ得る。そのため、Gasus 氏の権利が所有権（a right of ownership）とみなされるべきか、あるいは担保物権（a security right in rem）とみなされるべきかは、重要な問題ではない。いずれにせよ、コンクリート・ミキサー車の押収と売却は、議定書第 1 条の意味において申立人企業が有する『財産』の『平穏な享有』の権利に対する『介入』（interference）を構成する」（Gasus Dosier-und Fördertechnik GmbH, 1995: para.53）。

　このように、議定書第 1 条の「財産」概念に関して、裁判所は外延設定を行おうという試みを示していない。他方、具体的な裁判例から演繹される「財産」概念を特定しようとしても、その射程は極めて広い。第 1 に、「財産」には有形財産（material property）と無形財産（immaterial property）の双方が含まれる。前者には動産と不動産が含まれ、後者は知的財産（intellectual property）であり、特許や著作権等が含まれる。第 2 に、「財産」概念は以上の他にも広い射程を有しており、酒類販売の行政許可（administrative licenses）も「財産」概念に含まれるため、当該許可を取消した場合、議定書第 1 条の財産権侵害となる（Traktorer case）。また、Loizidou 事件（1998 年）では、Loizidou 夫人がトルコ占領下の北キプロスに財産を残して来ざるを得ない状態になり、当該財産へのアクセスおよび使用が不可能となったことから、財産制限が事実上の収用であると判断されている。また、企業ののれん（goodwill）（Van Marle case）や年金制度上の特定の権利も「財産」とみなされる。「財産」は所有権に限定されておらず、契約上の権利も「財産」に該当する。また、株式配当を受ける株主の権利や保険契約に関する権利も含

む。

　以上のように、裁判所は「財産」概念を特定せず、拡張解釈を許容しているが、この点に関しては次の点を指摘し得る。第1に、「財産権」の拡大解釈を通じて、裁判所は社会権保障の一環として財産権保護を位置付けていると解される。この点で、判例は、「公正な期待」を財産概念に含めることにより、年金受給や給与に関する社会的制度の変革が財産権侵害・制限と捉えられる余地を広げている。このように、財産権については、起草過程では想定されていなかったものが認められるようになっており、社会保障を中心とした社会権の実質的な受け皿として機能している（渡辺、2008）。第2に、他方で、「財産」概念の拡大解釈から財産権保護の範囲が拡張していると結論付けることは早計である。というのも、財産概念の拡大解釈と同時に、「財産剥奪」や「財産使用規制」の合法性要件が緩和されていれば、結果として財産権の保護範囲は縮小するからである。さらに、補償算定や公正満足の内容を検討しなければ、財産権が実質的に保護されているか否かを評することは困難である。したがって、議定書第1条の射程を検討するには、補償額の具体的な内容にまで踏み込んだ検討が求められる（ただし、財産権侵害に関する補償および賠償の算定の問題に関しては別稿で論じる）。

3. 規律行為

　判例上、議定書第1条の財産権規定は次の3つの規則で構成されると解されている（*Sporrong,* 1982: para.61）。①第1規則は「平穏な財産享有原則」（the principle of peaceful enjoyment of property）であり、議定書第1条1項前段に規定されている。②第2規則は「剥奪規則」（deprivation rule）であり（第1条1項後段）、伝統的な収用（expropriation）に該当する（Frowein, 1993）。この剥奪規則によって、第1規則（平穏な財産享有）は大幅に制約されることになる。すなわち、公益に合致しており、国内法および国際法に適合し、補償を伴うものである場合、国家による財産権への介入が認められている。③第3規則は「財産の使用規制」であり、一般的利益に基づいて財産使

用を規制する国家の権限が認められている（第1条2項）。第3規則によれば、公益に沿うものである場合、国家による財産使用規制が認められており、この場合には補償が要求されないと解する説もみられる（Freeman, 2003）。以上のように、財産権の制限形態（財産権への介入形態）に関して、議定書第1条は「財産剥奪」(deprivation of possession) と「財産使用規制」(control of the use of property) を明記しているが、判例ではこの2者に該当しない第3の類型が認められている。以下、その区別と内容を検討しよう。

（1）財産剥奪

　議定書第1条1項後段では、一定の条件を満たす場合に例外的に国家による「財産剥奪」が認められている。財産権の明白な侵害事例としては、元ギリシャ国王事件のように、所有地を補償支払なしで収用する場合がある（The Former King of Greece v. Greece, 2000）。このように、「財産剥奪」の内容に関しては、伝統的な収用 (expropriation) が第1に想定されている。ただし、明白な形での財産権移転、すなわち「形式的収用」(formal expropriation) だけでなく、「事実上の収用」(de facto expropriation) も含まれると解される（Clare Ovey and Robin White, 2006）。この点に関連して、Sporrong事件で裁判所は次のように述べている。「形式的収用、すなわち所有権移転 (transfer of ownership) がない場合、裁判所は外観の裏側をみなければならず、さらに状況の現実を探求しなければならない。［…］当該状況が事実上の収用 (de facto expropriation) に至っているか否かが判断されなければならない」(*Sporrong*, 1982: para.63)。このように、「財産剥奪」が生じているか否かに関しては、いわゆる国際投資法上の「事実上の収用」の該当性までも含めた審査が行われることになる。実際、本件で裁判所は、申立人の権利が部分的に損なわれたことを認めつつも、「権利が消滅した訳ではない」と述べ、スウェーデン政府による収用許可と建築禁止は財産剥奪に該当しないと判断している (*Sporrong*, 1982: para.63)。換言すれば、「財産剥奪」に該当するためには、財産権の制限だけでなく、「消滅」までが要求されるといえよう。

（2） 財産使用規制

　議定書第1条2項は、一定の要件のもとで「財産使用規制」（control of use）を認めている。上記の財産剥奪との関係から、財産使用規制は財産剥奪に至らない程度の使用・処分の制限と解される。財産使用規制の例としては、土地所有者に対する建物の建設禁止措置が挙げられる（*Sporrong*, 1982: para.64）。この場合、財産権（土地所有権）自体は存続しており、使用・処分権も存続しているものの、財産使用・処分権に制限がかけられている状態にある。その他、財産使用規制の例としては、飲料取扱いにおける注意欠如を理由としてライセンスを取り消した例（Tre Traktorer case）や、砂利採取の許可取消が財産使用規制に該当する（比例性要件は満たす）と判断された例がある（Fredin case）。

（3） 平穏な財享有への介入

　上記の財産剥奪と財産使用規制とは独立して、議定書第1条1項前段の違反（平穏な財産享有への違法な介入）が単独に発生する可能性が判例上で認められている（Frigo, 2000）。この点を明らかにしたリーディングケースがSporrong事件判決（1982年）である。本件では、スウェーデン政府が収用許可（expropriation permit）と建築禁止（prohibition on construction）をストックホルム市理事会に付与したが、長期間が経過した後、最終的には収用は行われなかった（*Sporrong and Lönnroth*, 1982: para.31-42）。なお、本件の収用許可は、収用そのものではなく、将来的な収用の決定にとどまるものであった。この点で人権裁判所は、当該措置が財産権に対する「介入」（interference）であることを認めた上で（*ibid.*: paras.58-60）、これが②（財産剥奪）にも③（財産使用規制）にも該当しないという。この点で裁判所は、「建設禁止」が③に該当するとしつつも（*ibid.*, para60）、「収用許可」と「建設禁止」を一体のものと捉えた上で（*ibid.*, paras.60, 75）、「収用許可」は③の目的を有さないと判断した（*ibid.*: para.65）[1]。すなわち、本件の措置（2つの措置の混合）は、効果の点で②と異なり、目的の点で③と異なると判断されており、このような特殊な類型をカヴァーするものとして、①（平穏な財産享有の

侵害）の行為類型が認められているのである。なお、裁判所は、公正均衡要件を満たさないことを理由として、議定書第1条1項前段の違反を認定した。

　本件で裁判所が①から単独の違法行為類型を導出した背景には、当時の判例状況がある。すなわち、Handyside事件（1976年）では、③の場合には公正均衡要件が課されないと判断されていた。あるいは、受入国側には公正均衡基準に依拠した補償支払が求められるものの、財産所有者への負担が不合理でない限り、補償支払は必要ではないと解されてきた（Freeman, 2003）。そのため、Sporrong事件では、②以外の場合で、政府措置に関して公正均衡要件を適用するには、③以外に、①から単独の違法行為類型を導出する必要があったと考えられる（中島、2008）。

　その後、①の違法行為類型は多くの事案で維持されている。例えば、Erkner事件（1987年）では、オーストリアの農業再配分措置によって、1971年に土地の暫定的移転が開始されたが、1984年になっても補償決定がなされなかったことから、議定書第1条1項前段の違反が認定されている。また、Stran事件（1994年）では、ギリシャにおける仲裁判断を取り消す国内立法に関して、裁判所は財産への介入であるとみなしつつ、②③ではなく、①で扱われる問題とみなしている（Stran: para.68）。

　以上のように、判例では、財産権侵害行為の類型として3類型の行為が認められている（①平穏な財産享有の侵害、②財産剥奪、③財産使用規制）。ただし、この3類型の類型化や相互関連性に関しては、多くの議論が残っている。この点を以下で検討しよう。

　第1に、①を単独の違法行為類型として認める必要はないと批判される。すなわち、特定の措置が②に該当しない場合、正当化可能な行為は③の場合だけであり、②③で正当化されない場合には自動的に議定書第1条違反を認定すべきであると解される（Frowein, 1993）。

　第2に、①②③という3つの類型化に関しては、その構成要素や分類基準に関する判例研究もみられるが（Pelonpaa, 2000）、②と③を区別する基準は明らかではない（Aronovitz, 1997）。確かに、②と③の区別は、一般国際法上

の収用および奪取（taking）と課税・規制権限の間の区別に相当すると捉えることも可能であるが（Pellonpaa, 2000）、その区別はあくまでも量的なものであり、質的な区別ではない（Condorelli, 1999）。

　第3に、近年は、①②③の区別自体に疑義が提起されている。上記のように、Sporrong 事件では①に公正均衡要件が課されることが明らかにされ、しかも同要件のみが判断対象とされた。このように、本件で①の違反行為類型を創設したのは、当時の判例状況によるものであったが、近年の判例では、①②③のいずれの場合にも公正均衡要件が適用されると解する例がみられる（Pine Valley Developments, 1991: paras.57-59）。そのため、②③を優先して判断し、①を残余的に適用するというアプローチに関しては、今日では意義がないものと考えられる[2]。実際に、Darby 事件（1990年）では、問題の行為が3類型のうちのいずれに分類されるのかを明らかにすることなく、公正均衡要件だけを適用して判断を行っている。また、Broniowski 事件（2004年）では、事件の複雑性を理由として、議定書第1条の①②③のいずれの類型に該当するかを決めることはできないとし、1項の一般的規範に従って審理が行われている。ここでは、①について、一般規定としての性格がより強調されている。

　以上のように、①②③の3類型化に関しては、行為類型に基づく質的な区別が行われている訳ではなく、単に量的な区別が行われているに過ぎない。いずれの類型においても公正均衡要件が課せられるのはそのためである。さらに、仮に①を単独の類型として認めた場合であっても、①②③の関係についてはいくつかの問題が残っている。

　第1に、①「平穏な財産享有」原則は一般原則であり、②③の財産規制に関わる規則を基礎づけると捉えられている。Sporrong 事件判決（1982年）において裁判所は、3つ規則の間に関連性はないと判断していたが、その後、James 事件（1986年）においてこの見解を修正した。すなわち、裁判所は、議定書第1条の3類型アプローチを確認した上で、その関係を次のように説明している。「3つの規則は、関連性を有さないという意味で『別個』である訳ではない。第2規則［財産剥奪］と第3規則［財産使用規制］は平穏な財産享有の権利に関連しており、第1規則に示される一般原則に照らして解釈される

べきである」(*James*, 1986: para.37)。したがって、実際には、①は、②③に対して「残余的」なものと位置付けられる (Condorelli, 1999)。実際に、Sporrong 事件で裁判所は、②③の該当性を否定した後に、①の判断を行っている。

他方で、このように①②③を一般法（①）と特別法（②③）という関係で捉えることには限界もあり、今日、実質的な意味はないと解されている（中島、2008）。例えば、James 事件（1986 年）は②(財産剥奪)に関する事案であったが、裁判所は財産剥奪を否認した上で、この結論から自動的に「平穏な財産享有」の侵害がないことを導き出した。裁判所によれば、「議定書第 1 条 1 項後段［財産剥奪］は、平穏な財産享有権に対する介入の中でも最も過激な種類の類型に関するものである。後段は、前段に明記された一般原則を補足し詳細にするものである。である以上、本件への一般原則の適用が、後段の適用における裁判所の結論と異なるべきと考えることはできない」(*James*, 1986: para.71)。このように、裁判所によれば、第 1 条 1 項の前段と後段は内容的に重複しており、別個の結論を導き得るような性質のものではないと解している。

なお、違法行為の類型化に意義があるか否かは、上記の検討からだけでは明らかではない。第 1 に、次にみる制限要件において類型間に何らかの差が生じる可能性があり、第 2 に、違法行為の帰結である賠償（人権条約第 41 条の公正満足 just satisfaction）の決定に際して、財産剥奪と財産使用規制の区別が何らかの意義を有する可能性があるからである (Pellonpaa, 2000)。

4. 制限要件

以上のように、判例上、議定書第 1 条における国家の財産権介入行為の類型化が行われているが、類型化は最終的な法的評価（合法行為か違法行為かの区別）を伴っていない。すなわち、介入（interference）が許容されるためには、議定書第 1 条に規定された要件を満たさなければならない。換言すれば、上記の「介入」該当性の議論（①②③の類型化）は、議定書第 1 条の適用可能性というレヴェルの問題であるということができよう。そこで以下、議定書第 1 条における介入が正当化されるための要件を検討することにしよう。

（1） 公益要件

　第1に、議定書第1条では、財産制限に関して「公益」要件が課せられている。条文上、財産剥奪の場合は「公益」（public interest）に基づかなければならず、財産使用規制の場合は「一般的利益」に合致すること（in accordance with the general interest）が求められる。なお、裁判所によれば、「公益」（public interest）と「一般的利益」（general interest）の間には「根本的な相違」はみられないという（James, 1986: para.43）。

　この公益要件は、一般国際法および国際投資協定で広く認められている収用の公益要件（公共目的要件）に合致するものである。他方で、欧州人権条約上の公益要件の特徴は、公益性の判断に際して国家に「評価の余地」（margin of appreciation）が広く認められる点である。例えば、James 事件（1986年）において裁判所は次のように述べている。「国家機関は、自国の社会と社会的必要性について直接的な知見を有しているため、何が『公益』であるかを評価するに当たって、国際裁判官よりも原則として有利な立場にある。[…]したがって、国家機関は一定程度の評価の余地を有する」（James, 1986: para.46）。

　なお、国家による評価の余地は「一次的評価」（the initial assessment）に過ぎず、最終的には裁判所の審査に服するものであるが、その場合であっても、国家側の判断が尊重されることが明らかにされている。同じく James 事件で裁判所はこの点を次のように述べている。「社会経済政策の実施立法において認められる評価の余地は広範なものであるべきであると考えるのが自然であり、何が『公益のため』かに関する立法者の判断については、それが明らかに合理的な根拠を欠く場合を除いて（unless that judgment be manifestly without reasonable foundation）、裁判所はその判断を尊重する」（James, 1986: para.46）。特に、本件は、私人から国家への財産移転ではなく、私人から私人への財産権（家屋所有権）の移転（財産剥奪）が生じている事案であり、「公益」が存在するか否かが問われていたが、裁判所は次のように述べて公益性を認めた。すなわち、「本件の国内立法は、私人間の既存の契約［賃貸借契約］関係に介入するものであり、国家や共同体全体に直接的な利益をも

たらすものではないとはいえ、評価の余地は、家屋という領域でより大きな社会正義を実現するための立法をカヴァーするのに十分なほど広範なものである。したがって、賃貸借改革法が追求する目的は正統な目的（a legitimate aim）である」(*James*, 1986: para.47)。以上のように、明らかに合理的な根拠を欠く場合を除いて、国家の財産介入措置に関しては公益性が認められる。換言すれば、国家の判断に対して公益性を否認する判断を裁判所が下すことは想定しにくい（Frowein, 1993）。また、「公益」に関する唯一の判断基準が定立されていない以上、評価の余地が広く認められざるをえないとも解される（Condorelli, 1999）。

（2）公正均衡要件

　次に、財産権制限の2つ目の要件は「公正均衡」（fair balance）要件であり、共同体の一般的利益（the general interest）の要求と個人の基本的権利の保護という要求の間に公正均衡が存在することが求められる。この要件は、現在でも財産権侵害の違法性を判断する上で極めて重要な要件となっているが、その内容に関しては、判例上大きな転換がいくつかみられる。

　第1に、公正均衡要件が適用される行為類型に関して、判例に転換がみられる。すなわち、Sporrong事件（1982年）以前の判例では、財産剥奪の場合と財産使用規制の場合が区別された上で、後者の場合には公正均衡要件を満たす必要はないと判断されていた（Handyside, 1976）。これに対して、Sporrong事件（1982年）で裁判所は、財産権侵害行為として①（平穏な財産享有の侵害）を新たに認めて上記の2分類を排した上で、公正均衡要件がすべての財産権制限に適用されると判断した。この点で裁判所は次のように述べている。「［議定書］第1条1項に関していえば、裁判所は、共同体の一般的利益（the general interest）の要求と個人の基本的権利の保護という要求の間に公正均衡（a fair balance）が存在するか否かを決定しなければならない。この均衡の検討は、［欧州人権］条約全体に内在しており、議定書第1条の構造にも反映されている」(Sporrong, 1982: para.69)。このように、公正均衡の要請は、条約全体に内在しており、議定書第1条の条文構造に反映されると解されるた

め、財産制限のすべての類型（財産奪取、財産使用規制、その他）に適用されることになる（Freemna, 2003）。実際に、James事件は財産剝奪（第1条1項後段）に関する事案であったが、裁判所はSporrong判決を根拠として、本件でも公正均衡要件が課せられると判断している。

　第2に、判例では、公正均衡要件の内容に関しても転換が見られる。すなわち、Sporrong事件判決で定式化された公正均衡要件は、一般利益と個人の権利の間の関係を勘案するものであったが、James事件判決（1986年）では、さらに目的と手段の間の均衡という意味（比例性要件）が付け加えられた。裁判所によれば、「個人の財産を奪取する措置は『公共利益』という正統な目的を追求するものでなければならないだけではなく、用いられた手段と実現が求められる目的との間に合理的な比例関係（a reasonable relationship of proportionality）がなければならない」という（*James*, 1986: para.50）。なお、裁判所によれば、比例性要求は「公正均衡概念によって別の用語で表現されている」ものとされており（*ibid.*: para.50）、公正均衡要件と比例性要件は互換可能なものと捉えられている。

　以上のように、James事件を契機として公正均衡要件に比例性要件が付加されるようになった背景としては、従来の公正均衡要件が公益と私益の間の均衡を要求するにとどまっていた点を指摘し得る。すなわち、James事件のように、財産剝奪が直接的には私人間で行われ、その際の公益が抽象的なものである場合、公的目的と手段の間の比例性を判断するしか方法がないからである。

　第3に、公正均衡要件を満たすか否かの判断は、実際には「極度の不均衡」が存在するか否かという判断によって行われる（Condorelli, 1999）。Sporrong事件判決では、公正均衡が保たれていない場合として、「関連当事者が『個人的で過重な負担』（an individual and excessive burden）を強いられる場合には、要求される均衡は認められない」（*ibid.*: para.73）と述べている。同様に、James事件（1986年）で裁判所は、「『個人的で過度の負担』を個人が負わなければならないような場合には、比例性要件は満たされないであろう」（*ibid.*: para.50）と述べている。すなわち、公正均衡要件と比例性要件は、いずれも

「過度の負担」がないことを要件内容としていることがわかる（そのため、公正均衡要件は、不均衡が存在しないことを意味するといわれる）。

第4に、判例上、②財産剥奪と③財産使用規制のいずれにも公正均衡要件（比例性要件）が課せられると解されているが、その適用方法に関しては、②の方が③よりも厳格であると考えられている（Pellonpaa, 2000）。その具体的な内容は明らかではないが、③の場合の方が、国家側に評価の余地が広く認められると解されているため、例えばMellacher事件（1989年）では、賃料制限措置によって申立人の賃料減額は11%から13%に達していたが、公正均衡は保たれていると判断されている。

（3）補償要件

一般国際法および国際投資協定（International Investment Agreement）では、国際法上の要件として収用補償要件が確立しているものの、議定書第1条では、財産剥奪に際して「補償を受ける権利」(the right to compensation)または補償義務が明記されていないため、その存否が問題となり得る[3]。この点で裁判所は、James事件において、次のように述べて議定書第1条における補償要件（補償義務と補償請求権）を認めた。「条約の締約国の法制度において、補償支払のない財産剥奪が正当なものとみなされるのは、例外的状況においてのみである。議定書第1条に関する限り、これに相当する原則が存在しなければ、議定書が認める財産権保護は大部分が幻想的で実効的でないものとなるであろう」(*James*, 1986: para.54)。さらに、Lithgow事件（1986年）では、議定書第1条から補償義務が導かれる点について、以下のように述べられている。「補償の支払義務は、『公益』要件そのものからというよりも、むしろ全体として読んだ議定書第1条の黙示的な条件から導かれるものである。公益要件は、実際の財産剥奪の正当化や動機に関するものである」(*Lithgow*, 1986: para.109)。

以上のように、裁判所は議定書第1条の文言からではなく、いわゆる「実効的解釈」に依拠しつつ、議定書第1条の全体から読み取れる「黙示的な条件」として補償支払義務を導いている。なお、裁判所の解釈とは異なり、議定書第

1条において「国際法の一般原則で定める条件」に従った財産剥奪が求められていることから、補償支払が義務付けられると解する説もあるが（Freeman, 2003）、この説は妥当ではない。後述のように、判例上、「国際法の一般原則」が適用されるのは外国人財産の制限の場合に限定されており、自国民財産の制限の場合には補償支払義務が生じないことになるからである（Condorelli, 1999）。

一般国際法における収用、特に国有化を巡る法的議論では、先進国と途上国の間で補償基準を巡る熾烈な対立があったため（新国際経済秩序論）、収用または国有化の合法性要件の中では補償要件が占める位置は極めて大きかった。他方、人権条約上の補償要件に関しては、一般国際法上の議論との相違点もみられる。

第1に、判例上、補償要件は財産権制限に関する単独の要件ではなく、公正均衡要件（または比例性要件）の考慮要因の1つとして位置付けられているに過ぎない。James事件（1986年）で裁判所は、「[国家のとった] 措置はその目的を達成するために適切なものでなければならず、目的に対して不均衡であってはならない」と述べた上で、この判断の一要素として補償（compensation）の問題を扱っている（James, 1986: para.50）。さらに、同事件で裁判所は次のように述べる。「補償要件は、問題となっている国内立法が公正均衡を保つものか否か、さらに当該立法が申立人に不均衡な負担を課しているか否かを判断する際に必須である」（James, 1986: para.54）。このように、議定書第1条において、補償支払は単独要件ではなく、公正均衡要件に包含されている。とはいえ、公正均衡要件の充足性を判断するに当たって、重要な位置を占めることも認められている。The Former King of Greece事件（2000年）で裁判所は、「関連立法のもとでの補償金額は、問題の措置が公正均衡要件を満たすか否か、特に申立人に不均衡な負担を課しているか否かの判断にとって重要である」ことを認めている（*The Former King of Greece*, 2000: para.89）。

第2に、補償要件の判断に際して、特定の補償金額が公正均衡要件を満たすか否か（財産権侵害を受けた個人に過度の負担を負わせることを回避し得てい

るか)という点を判断するに当たっても、国家の評価の余地が考慮される。この点で、James事件(1986年)において裁判所は次のように述べている。「裁判所の審査権限は、補償内容の選択が国家の広範な評価の余地の枠外にあるか否かを確認することに限定されている」(*James*, 1986: para.54)。したがって、公益要件の場合と同様に、補償要件の判断に際しても国家の裁量が広く認められる可能性がある(Condorelli, 1999)。さらに、Lithgow事件(1986年)では、補償金額に関して国家の評価の余地が広く認められる点について、詳細に説明されている。「国家機関は、自国の社会および社会の需要や資源について直接的知識を有しており、如何なる措置が適切であるかを判断するに際して国際裁判よりも有利な立場にある。したがって、国家機関が利用し得る評価の余地は広いものでなければならない。この点に関して、補償内容に関する決定を国有化の決定から切り離すことは作為的であるように思われる。というのも、後者に影響を与える要因は必然的に前者にも影響を与えるからである。以上より、本件における裁判所の審査権限は、補償に関する決定が英国の広い評価の余地の外にあるか否かを確認することに限定される。すなわち、［英国の］立法判断が明らかに合理的な根拠を欠く場合を除いて、本裁判所は立法判断を尊重することになる」(*Lithgow*, 1986: para.122)。このように、補償額判断は国有化判断と不可分とみなされており、補償額判断に関しても「評価の余地」が認められるため、「明らかに不合理」である場合を除いて、補償額の決定に関しても国家側の判断が尊重されることになる。

(4) 合法性要件

　最後に、議定書第1条は、財産剥奪要件として「法律で定める条件」(the conditions provided for by law)の遵守を挙げている。議定書では、「法律および国際法の一般原則」と規定されていることから、この「法律」は国内法を意味するものと解される。ただし、Lithgow事件(1986年)において裁判所は、同要件により、「適度にアクセス可能で十分に詳細な国内法規定の存在および遵守が求められる」と述べつつ、「『法律』という言葉は、本件の文脈では国内法より広いものを指す」と述べており(*Lithgow*, 1986: para.110)、国内

法に限定されないことを明らかにしている。この要件に関しては、以下の2点を指摘することができる。

第1に、財産使用規制（議定書第1条2項）に関しては、国家が一般的利益に基づいて財産の使用を規制するため、または租税その他の拠出もしくは罰金の支払を確保するために「必要とみなす法律」（such laws as it deems necessary）を施行する権利が認められている。この場合、「必要性」の判断は国家に専属すると考えられるため（Condorelli, 1999）、当初の判例では、国家が国内法制定の必要性を判断する「唯一の判断権者」（sole judges）であると解されていた（*Mrckx*, 1979: para.64）。他方、今日ではこの判断は覆されており、必要性の判断は裁判所の判断に服するものと考えられている。

第2に、伝統的な判例は、他の要件と比較して、合法性要件を重視してこなかったが、近年の判例（2000年以降）では、極めて重要な要件として位置付けられるようになっている。The Former King of Greece 事件（2000年）で裁判所は次のように述べている。「議定書第1条の第1の最も重要な要件は、公的機関による平穏な財産享有への介入が合法なものでなければならないというものである」（*The Former King of Greece*, 2000: para.79）。

当該要件は、②③のいずれの形態の場合にも課せられる要件である。また、合法性要件は、議定書第41条における公正満足（just satisfaction）における損害賠償の算定の際にも重要な役割を果たす。というのも、合法性要件を満たす財産制限措置は「合法」と解されるため（無補償の収用であっても、国内法上は合法と解される）、賠償算定基準ではなく、より低い金額の補償算定が行われるからである。

5. おわりに

欧州人権条約第1議定書第1条に規定された財産権に関しては、起草過程における各国の見解の相違により、不明瞭な点が条文上に残されていたが、裁判所の判例によって財産権の保障範囲は徐々に明らかになってきている。

第1に、1980年代の判例から明らかな点は、財産剥奪・財産使用規制に関

する要件が公益要件と公正均衡要件（比例性要件）に収斂している点である（補償要件は後者に包含される）。前者（公益要件）は特定の国内措置の「目的」の正統性を求めるものであり、後者（公正均衡要件）はこの目的と措置の間の比例性を求めるものである。ただし、この点については、今日、合法性要件の重要性も認められており、最近の判例動向を確認する必要がある。

第2に、要件の実際の適用に関しては、全般的に国家側に有利な判断が行われている。すなわち、公益要件に関しては、国家の「評価の余地」が認められるため、公益性の欠如を認定することは実際には困難である。また、公正均衡要件（比例性要件）に関しては、補償支払義務が判例上確認されているものの、実際には申立人（財産被剥奪者）の「個人的で過度の負担」を証明しなければ公正均衡の欠如を証明できない構造となっており、さらに、比例性要件の判断に際しても国家の「評価の余地」が認められるため、比例性要件を満たさないことを証明することは困難である。

以上のように、欧州人権条約上の財産権保護に関していえば、財産保護の程度は国家責任論や国際投資法上の保護レベルよりも明らかに低い。この背景には、一般国際法が外国人（投資家）の保護のための高い基準（国際標準主義）を形成してきたのに対して、欧州人権条約上の財産権保護が管轄権内の内国人を主たる権利保有者として想定している点にある。換言すれば、国家側の公共理由に基づく財産制限が広く認められていると解しうる。ただし、この結論に関しては以下の点に留意する必要がある。第1に、国家の「評価の余地」に関しては、Sporrong事件（1982年）の判決以前は極めて広範な国家の裁量が認められていたが、1982年以降はその余地も徐々に狭められてきていると評される（Condorelli, 1999）。第2に、具体的事件の評価に関しては、最終的には個別の国家の具体的措置と補償金額を考慮する必要がある。そのため、財産権保障あるいは制限の問題は、その大部分が補償額算定の問題に帰着すると考えられる。

注

1) Sporrong事件判決（1982年）は10対9という僅差で採択されたものであったが、共同反対意見（8名の判事）はこの点に異議を唱えており、本件の収用許可は、①（平穏な財産享有への介入）という新しい類型ではなく、③（財産使用規制）に包含されると主張している。Joint Dissenting Opinion of Judges Zekia, Cremona, Thór Vilhjálmsson, Lagergren, Sir Vincent Evans, Macdonald, Bernhardt and Gersing with regard to Article 1 of Protocol No.1（P1-1), para.2. 同趣旨の意見として、門田孝（2003）「判例研究 長期にわたる土地収用許可および建物建設禁止と財産権」広島法学27巻2号、392。

2) さらに、最近では、財産権への介入形態を判例のように詳細に分類する意義はないという見解が多く示されるようになってきている。Luigi Condorelli (1999); Matti Pellonpaa (2000); Clare Ovey and Robin White (2006); 門田 (2008)。

3) 例えば、Concurring Opinion of Judge Thór Vilhjálmsson, in *James* (1986). は、起草過程において多くの政府からの反対があったことを理由として、議定書第1条には補償に対する権利が認められていないと結論付けている。See also, Concurring Opinion of Judge Thór Vilhjálmsson, in *Lithgow* (1986).

参照文献

Aronovitz, Alberto M. (1997) "Individual Patrimonial Rights under the European Human Rights system : Some Reflections on the Concepts of Possession and Dispossession of property", *Int'l J.Legal Info.*, vol. 25, 87-104.

Condorelli, Luigi (1999) «Premier protocol additionnel Article 1», in Emmanuel DECAUX et Pierre-Henri IMBERT (éds.), *La Convention européenne des droits de l' homme. Commentaire article par article* (1999), 971-997.

Freeman, Elyse M. (2003) "Regulatory expropriation under NAFTA Chapter 11 : some lessons from the European Court of Human Rights", *Columbia journal of transnational law*, vol. 42, 177-215.

Frigo, Manlio (2001) "Peaceful enjoyment of possessions, expropriation and control of the use of property in the systems of the European Convention on Human Rights", *The Italian yearbook of international law*, vol. 10, 45-69.

Frowein, Jochen Abr. (1993) "The Protection of Property", in R.St.J. Macdonald et al. eds., *The European System for the Protection of Human Rights*, 515-530.

門田孝（2008）「財産利用の規制―メヒャラー判決―」戸波江二他編著『ヨーロッパ人権裁判所の判例』信山社。

中島徹（2008）「未執行の土地収用と財産権―スポロング事件―」戸波江二他編著『ヨーロッパ人権裁判所の判例』信山社。

Ovey, Clare and White (2006) *Robin, Jacobs & White: The European Convention on Human Rights*, 4th ed., Oxford U.P., (Chapter 15. Protection of Property, 345-375.).

Pellonpaa, Matti (2000) "Reflections on the Notion of "Deprivation of Possessions" in Article 1 of the First Protocol to the European Convention on Human Rights", in Paul Mahoney et al. eds., *Protecting Human Rights : The European Perspective. Studies in Memory of Rolv Ryssdal*, 1087-1105.

薬師寺公夫 (1979)「国際人権条約に於ける財産権 (一) (二・完)」『法学論叢』105巻2号、106巻2号.

渡辺豊 (2008)「欧州人権裁判所による社会権の保障―規範内容の拡大とその限界―」『一橋法学』7巻2号.

第2章 ナショナル・アイデンティティとヨーロッパ統合

成廣 孝

1. はじめに

　欧州統合が深化する過程において、いわゆる「民主主義の赤字」（democratic deficit）が問題になっている。ヨーロッパ加盟各国の市民の多くは未だ自らを「ヨーロッパ市民」とは位置付けるには至っておらず、国民国家レヴェルのアイデンティティを維持し続けている。また、この度合いは国によっても大きく異なっている。民主政の基盤となるべき「デモス」あるいは「ヨーロッパ・アイデンティティ」が未だ十分な形成をみていないのである（Green, 2007; Herrmann et al., 2004; Maas, 2007; Bruter, 2007）。にもかかわらず、ヨーロッパ各国レヴェルで進められている立法は、現在その多くがEUレヴェルでの決定を国内法として制定するという形になっており（「ヨーロッパ化」Europeanisation の進展）、「EU官僚が自分たちの知らないところで勝手に物事を決めている」といった市民の鬱屈した不満（欧州懐疑主義 Euroscepticism）を招きやすい状況であり、それが極右政党や欧州懐疑主義政党に口実を与え、勢力伸長の基盤となっているのも事実である（Taggart and Szczerbiak, 2008）。

　本章の目的は、EU市民におけるEU統合支持の度合い、ナショナル・アイデンティティの強さ、そして対移民意識（シティズンシップのあるべき姿についての意識）の関係を検討することである。すなわち、これらの態度間の関係がどのような関係にあるのか、相互の影響関係の大きさ、そして、これらの関係について変数間の構造（影響の方向性）や係数の大きさ（影響の多寡）が国によって違うかどうか検討することにある。

2. 先行研究

　近年、EU市民における欧州統合やその進展に対する支持（これは裏返せば欧州懐疑的態度を指す）の決定要因についての研究が急速に増加している。ここではこれらの先行研究を整理する。これらの多くは個人レヴェルあるいは集計レヴェルの欧州統合（現状、新条約の導入、拡大など。加盟申請国においては加盟申請）に関する評価・支持あるいはレファレンダムにおける投票内容を従属変数として、主要な独立変数は何かということを探求するものとなっている。時代が進むにつれて、主要な説明変数は多様化し、方法論的にも精緻化が進んでいる[1]。

　早くから注目されてきたのは経済的変数を主要な説明要因におくモデルである。欧州統合が域内市場の統合による経済成長を主眼としてきたことから、欧州統合支持の説明要因として市民の経済的利害に関する判断を想定する研究が盛んに行われてきた。個人または所属する国民国家のそのときの経済条件が欧州統合への支持を決めるという議論（economic condition theory, Gabel and Palmer（1995）など）もあるが、主流は経済利得理論（economic benefits modelまたは政策評価モデル policy appraisal model）である（Anderson and Reichert, 1998; Gabel, 1998a, 1998b, 1998c, 1998d; Anderson and Kaltenthaler, 1996; Anderson, 1998; Gabel and Whitten, 1997; Gabel and Anderson, 2002; Christin, 2005; Eichenberg and Dalton, 2003）。経済利得理論はEUに属することに伴って生じる個人の、あるいは個人が所属する各国民国家の経済状況への影響への認識（期待・予測）が欧州統合への支持を決めるとするモデルである[2]。個人が合理的に利害得失を判断できるという経済投票理論と同様の前提がおかれている。

　経済的要因とならんで主要な研究対象とされてきたのは、国民国家への帰属意識の強さ（ナショナル・アイデンティティ national identity）やそれと関連する反移民意識・外国人嫌い（ゼノフォビア）の欧州統合への態度への影響である（McLaren, 2002, 2004, 2006, 2007a, 2007b; Carey, 2002; Christin and Trechsel, 2002; de Vreese and Boomgaarden, 2005, Haesly, 2001: Hooghe and Marks, 2004, 2005; Elgün and Tillman, 2007; Kritzinger, 2003; Luedtke, 2005; Vössing, 2005)。ナショナル・アイデンティティが強いほど欧州統合に対する否定的態度（欧州懐疑主義）が強まるというのが一般的傾向である。

　経済的判断とナショナル・アイデンティティは、現在では二者択一的にではなく、ともに市民の欧州統合への態度を決定する上で強い影響力をもっているということはすでに広い合意があるように思われる（Cichowski, 2000: 間、2007; McLaren, 2006, 2007a, 2007b; Garry and Tilley, 2009; Kentman, 2008)。これら2つの要因と並んで、有権者のイデオロギー的左右位置や支持政党、民主主義への態度、EUについての知識など、政治的変数を主要な説明変数とする研究も増加しつつある（Aspinwall, 2002; Cichowski, 2000; Gabel and Scheve, 2007b; Karp et al., 2003; Karp and Bowler, 2006; Rohrschneider., 2002)。

　こうした研究には、経済的判断やアイデンティティの影響を媒介する集団レヴェルの文脈変数として国ごとの政治経済制度（資本主義のタイプ varieties of capitalism. Iversen, 1999; Hall and Soskice, 2001）や福祉国家レジーム（Esping-Andersen, 1990)、歴史的文脈（Díez Medrano, 2003）を組み込むものも多い。例えば、EU加盟国においても要素賦存量の差や国ごとの政治経済制度の違いなどによって、個人レヴェルの技能差の及ぼす影響は異なってくる。低技能の労働力に恵まれた国であれば、統合・自由化の進展によって利益を得ることができる反面、低技能労働力が希少な国では、より低賃金の外国人労働者に職を奪われてしまうかもしれない。そうなれば同様に低技能の労働者であってもEU統合の進展に対する評価は異なってくると考えられる。同様に福祉国家が充実している社民レジームの国と残余的な自由主義レジームの国では、同じ政治的左派に位置する市民でも統合に対する見解が異なってくる。このような文脈を考慮するモデルにおいては、Brinegar and Jolly (2005) やBrinegar et al. (2004) のように階層線型モデル（hierarchical linear model (HLM) またはmultilevel model）を用いる研究が増加している。マクロ水準の変数としてVOCの分類や、福祉国家レジームが投入され、国レヴェルの変数と個人レヴェルの変数の交互作用（ミクロ水準の傾きの変動）をみるという

ことになる。また、Garry and Tilley（2009）は、移民への排他的意識などアイデンティティの効果がマクロな経済的文脈（EU から受ける補助金の多寡で計測される）によって条件付けられるとしている。

　政治的変数を媒介変数とするモデルのうち政党を焦点におくものとしては、政権党支持と欧州統合支持の関係を検討するもの（Gabel, 1998c; Anderson, 1998; Sánchez-Cuenca, 2000; Ray 2003a, 2003b）や、「政党キュー理論」(party cue thoery)（Steenbergen and Jones, 2002; Edwards et al, 2005; de Vreese and Edwards, 2009）と呼ばれるものがあり、EU 市民の意識にとどまらず、EU イシューについて政治空間が変化する可能性の検討といった形で政党間競争や政党システムの研究との関連が深まりつつある（Taggart, 1998; Taggart and Szczerbiak, 2004, 2005, 2008）。後者において個人は自らが支持している政党の見解を EU 統合への自己の見解を形成する上でのショートカットとして用いているとされる。ここには EU 市民の EU やそのなかで進められている政策に関する知識・関心の低さから、経済合理的得失判断を説明要因とするモデルは実態を反映していないという考えがある。こうした研究の例としては、Hooghe and Marks（2005）が経済的評価とナショナル・アイデンティティを政党キューが媒介するというモデルを推定している。ここでは個人レヴェル、支持政党レヴェル、国レヴェルからなる 3 レヴェルの HLM が用いられている。経済的利得に関する評価やナショナル・アイデンティティの影響それぞれについて政治的キューによる媒介が検討されている。同様の媒介変数をマルチレヴェル・モデルで分析するものとして、de Vries and van Kersbergen（2007）、Hooghe（2007）や Steenbergen et al.（2007）がある。

　その他先行研究で用いられている説明変数としては、メディアの影響（de Vreese and Boomgaarden, 2005; de Vreese and Kandyla, 2009）、性別や宗教、職業の影響（Hooghe et al., 2009; Nelson and Guth, 2000, 2003; Nelson et al., 2001）が挙げられる。

3. 方法とデータ

（1）方　法

本章では構造方程式モデル（structural equation model, SEM）を用いる。ソフトウェアとしては、Amos 17.0 および Mplus 5.1 を使用した。SEM はモデルの設定に柔軟性があり、潜在変数間の因果関係を含むモデルも推定できる。今回はナショナル・アイデンティティやシティズンシップについての態度を潜在変数として、関連しそうな複数の変数の因子分析を行った上で、これらの間の関係をモデル化している。SEM のもう1つの利点は、各種の適合度指標（Goodness of Fit Index）を利用でき、モデル間の比較が可能になることである（豊田、2007; Muthén and Muthén, 2007）。

（2）データ

この種の研究ではユーロバロメーター調査（Eurobarometer）データが用いられることが多い。特に1996年に実施されたユーロバロメーター44.2bis mega survey データは政治学的に重要な質問項目を多く含むことから頻繁に用いられている。また、トレンドをみたりプールド・クロスセクション・データを使用する場合においては、調査の継続性があるユーロバロメーターがほとんど唯一の選択肢となる（Anderson adn Kaltenthaler, 1996; Gabel, 1998d; Eichenberg and Dalton, 1993, 2007 など）。しかし、今回はナショナル・アイデンティティおよび移民に対する態度に関する変数群を多く含んでおり、関連する質問項目を複数用意しているために構成概念をより精密に測定できるデータであるということを考慮して、2003年に実施された「国際社会調査プログラム（International Social Survey Program、ISSP）」の「ナショナル・アイデンティティ II」モジュールを用いた。先行研究では国家主権や移民に関係する態度について多くの変数を用いたものはないため、このデータを用いることには十分意味があるであろう。調査対象国は全部で43か国であるが、そのうちヨーロッパ諸国かつ EU に関する質問を含み、その他の質問項目も揃っている国という条件から、フランス、オランダ、スペイン、フィンランド、チェ

コ、ポーランドの6か国のみを対象とすることとした[3]。

　ユーロバロメーターを用いた研究ではEU加盟自体への支持を示す変数が「加盟していることは良いことか／悪いことか」という質問項目への回答になり、二値変数になることが多い。この点でより精密な分析を目指す研究は、統合の進展スピードに関する質問項目を組み合わせた指標を用いることがある。ISSP2003では3つの変数があり、その因子スコアを用いることができる[4]。問題点としては、統合支持に関する先行研究で投入されることが多い（コントロール変数となることもあれば、主要な研究関心とされる場合もある）政治的変数、すなわち回答者のイデオロギー的左右位置認識（支持している政党の左右位置はあるが）や再分配政策（福祉国家）に対する支持・不支持などの変数が含まれていないという点で分析の幅が狭まるという問題はあるが、ワークショップのテーマに鑑み[5]、上記の利点を優先した。

4. 分　　　析

（1）記述統計

　ここではまず、後で推定するSEMに先だって、そのなかで使用される構成概念（潜在変数）について、因子スコアを用いた記述的な概観を行う。潜在変数の抽出に当たっては、まずデータセットに含まれている変数のうちデモグラフィック情報に関する変数や対象国限定の質問以外の項目を対象にした因子分析を行った（クォーティマックス回転による）。最初に用いた変数はv36からv72までであるが、共通因子がほとんどないいくつかの変数を除外した上で、再び因子分析を行った。変数のほとんどは5点尺度で計測されている。ここで固有値（基準値は1）およびスクリープロットの形状から、3因子を抽出することとした。それぞれ「シティズンシップのあり方や移民に関する態度」、「ナショナル・アイデンティティや国家主権に関する態度」、「EU統合に関する態度」の因子と解釈することが可能であると判断した。

　EU統合への支持を示す指標（潜在変数）となる第3因子は、のちのSEMモデルにおいて被説明変数となるものであり、3つの観測変数（v70、v71、 v72）から構成されている。モデルで説明変数となる潜在変数には残りの2つの因子が該当し、国家主権についての態度を示す指標となる第1因子は6つの観測変数（v36, v39, v40, v41, v44, v45）から、最後にシティズンシップのあり方に対する態度は12の観測変数（v39, v44, v47, v50〜v55, v59〜v61）からなっている。

　EU統合への支持を示す潜在変数の指標変数は、v70（一般的にいって、［回答者の所属国名］はEUの加盟国であることから利益を得ているか否か）、v71（［回答者の所属国名］は、例え同意できない場合でもEUの決定に従うべきであるか）、v72（EUは加盟国政府より強い権限をもつべきか否か）である。これらについてのみ因子分析を行って因子スコアを計算し、国ごとの平均を比較してみる。欧州統合支持に関する因子スコアの平均は、フィンランドが.311、チェコが.222、ポーランドが.029、オランダが.025、フランスが−.167、スペインが−.361となる。ここでは値が小さい方が統合への支持が強い。スペイン、フランス、オランダ、ポーランド、チェコ、フィンランドの順にEU統合への支持が強いことになるが、多重比較（シェフェの方法およびスティール・ドワスの方法）の結果をみると、オランダとポーランド、そしてチェコとフィンランドの間の差は統計的に有意でない。

　最初の因子分析で抽出された第2因子に含まれる変数群は、国家主権についての態度を示す潜在変数の指標変数と解釈できる。この潜在変数は、SEMのモデル上独立変数となる。これらの指標変数について、あらためて因子分析を行う。変数は、v36（［回答者の国］は、国民経済を保護するため、外国製品の輸入を制限すべきだ）、v39（外国人は［回答者の国］において、土地を購入することを許可されるべきではない）、v40（［回答者の国の］テレビは、国内で制作された映画や番組を放送すべきである）、v41（国際的大企業は地域のビジネスに損害を与え続けている）、v44（国際組織は［回答者の国］の政府から権限を奪いすぎている）、v45（外国映画、音楽、書籍の氾濫が国および地域の文化を損っている）である。これらのなかには移民や移民が与える経済的利害に関係する変数ととれるものも混在している。信頼性係数（クロンバックのアルファ）は.772で、まあまあの値である。因子分析の結果は、当

然ながら1因子が抽出される。

　因子スコアの平均値はそれぞれ、オランダ.547、フィンランド.351、フランス-.127、スペイン-.123、ポーランド-.365、チェコ-.485となる。小さい値の方が外国や国際機関、国際貿易に懐疑的な意見をもち、国家主権の保持を望む意識が強いということを指している。国家主権意識因子の国ごとの平均値の差についても分散分析（シェフェの方法およびスティール・ドワスの方法による多重比較）による検定を行ったところ、フランスとスペイン、ポーランドとチェコの間には有意差はない。よって、オランダ（.547で最もコスモポリタン）＞フィンランド（.354）＞フランス（-.127）・スペイン（-.123）＞ポーランド（-.365）・チェコ（-.485、最も排他的・主権意識強い）の順番になる。

　最後に、移民に対する態度・シティズンシップについての態度を示す第1因子についてみる。ここで用いられている指標変数は、v47（国の習慣や伝統を享有しない人びとは、完全な国民になることはできない）、v50（移民の流入は犯罪発生率を高める）、v51（移民は一般的にいって［回答者の国］の経済にとって得るものが大きい）、v52（既出）、v53（移民は新たなアイディアや文化をもたらすことで［回答者の国］の社会を良くしている）、v54（移民を援助するための政府支出は多すぎる）、v55（この国に来る移民の数は多い／少ない）、v59（この国で市民権をもたない両親から生まれた子どもたちも市民権を与えられるべきである）、v60（外国で生まれた子どもも、少なくとも片方の親が市民権をもっていれば市民として認められるべきである）、v61（市民権をもたない合法移民も、国籍をもつ市民同様の権利を与えられるべきである）である。専ら移民に関する変数群からなっている。これらの変数のみを対象に行った因子分析でも、当然ながら1因子のみが抽出される。信頼性係数は.823と良好である。

　数値が大きい方が排他的なシティズンシップ観をもっており、移民に対して厳しいことを表している。因子スコアの各国ごとの平均はオランダ.012、チェコ.374、ポーランド-.020、スペイン-.345、フランス.013、フィンランド-.002である。ここでは数値が大きい方が移民に厳しいことになる。多重比較の結果から、ポーランド、フランス、オランダ、フィンランドの間には有意差

があるとはいえない。チェコ（.37、最も非寛容）＞ポーランド（−.02）・フランス（.01）・オランダ（.01）・フィンランド（−.00）＞スペイン（−.34、最も寛容）の順番となる。

（2） SEMによる分析

本章で推定しているのは、シンポジウムのテーマと関連する構成概念間の関係に限定された、ごくシンプルなモデルである[6]。構成概念間の関係としては以下のような関係を予想して分析を行った。その際、6つのグループ（国）に分けて多母集団分析（Multiple Group Analysis）を行っている。当初は指標変数同士の相関を仮定しないモデルを推定したが、適合度において慣習的な基準をやや超えていたため、これを改善するため、Mplusで計算した修正指数を参考に、いくつかの指標変数に相関を仮定している[7]。ここでは先行研究の多くが行っているような、EU統合への支持の有無を「説明する」変数を探し、理論を検証するという点に力点を置くことはせず、構成概念間の関係のあり方と、その国による違いをみることを目的としている。いくらか新奇な点があるとするならば、SEMを使っていることおよび、多母集団分析で国ごとにサンプルを分けて比較を行っていることである[8]。時期や国によって欧州統合の進展度合（拡大の状況や政治課題）が異なるため、異なるデータを用いて分析を行うことにも一定の意義があるだろう。

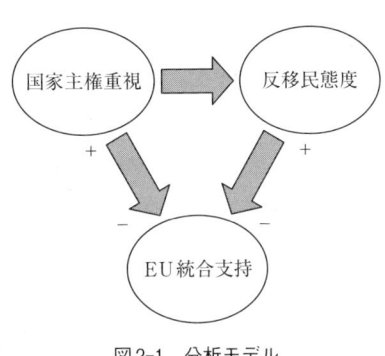

図2-1　分析モデル

最終モデルの適合度指標はCFI＝.908、RMSEA＝.023であり、あてはまりは良好であるといえよう。自己の経済的地位（10段階）変数を投入したモデルも推定したが、変数観の関係に大きな変更はなかったので、ここでは詳細は省略する。全般的に、自己の経済的地位が高いほど、EU統合支持かつ移民についてはポジティヴになる傾向がある。階層→対移民態度の係数の差は多くが

36　第1部　法・政治—統合と比較—

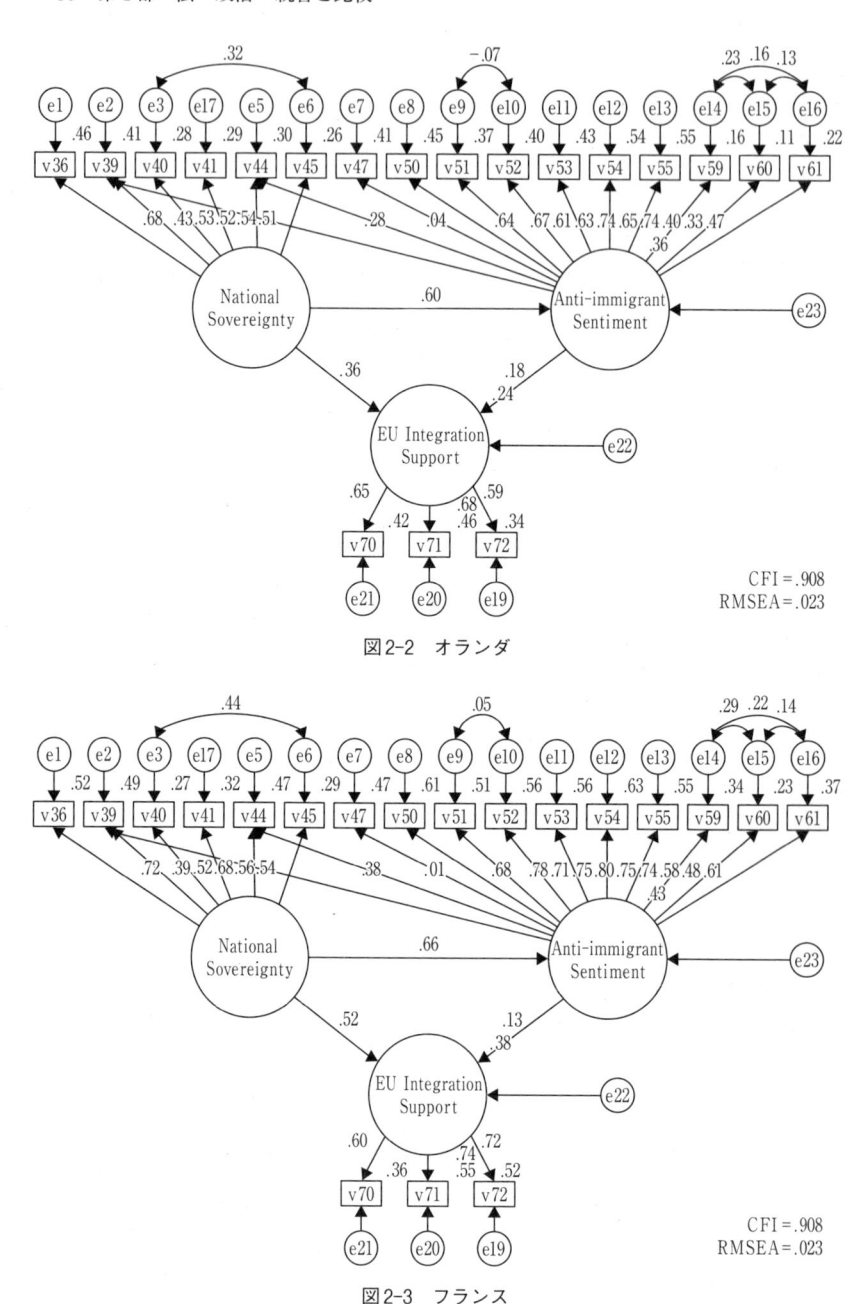

図2-2　オランダ

図2-3　フランス

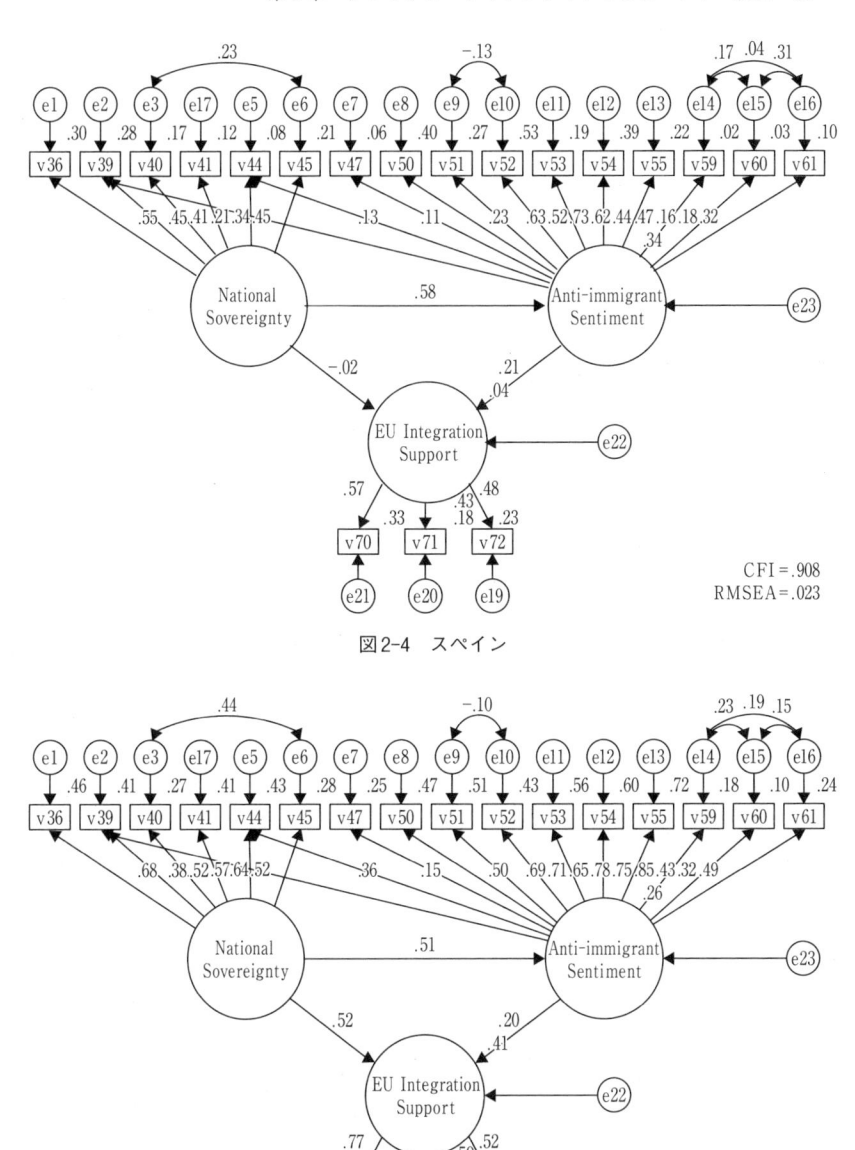

第2章 ナショナル・アイデンティティとヨーロッパ統合　*37*

図2-4　スペイン

図2-5　フィンランド

38　第1部　法・政治―統合と比較―

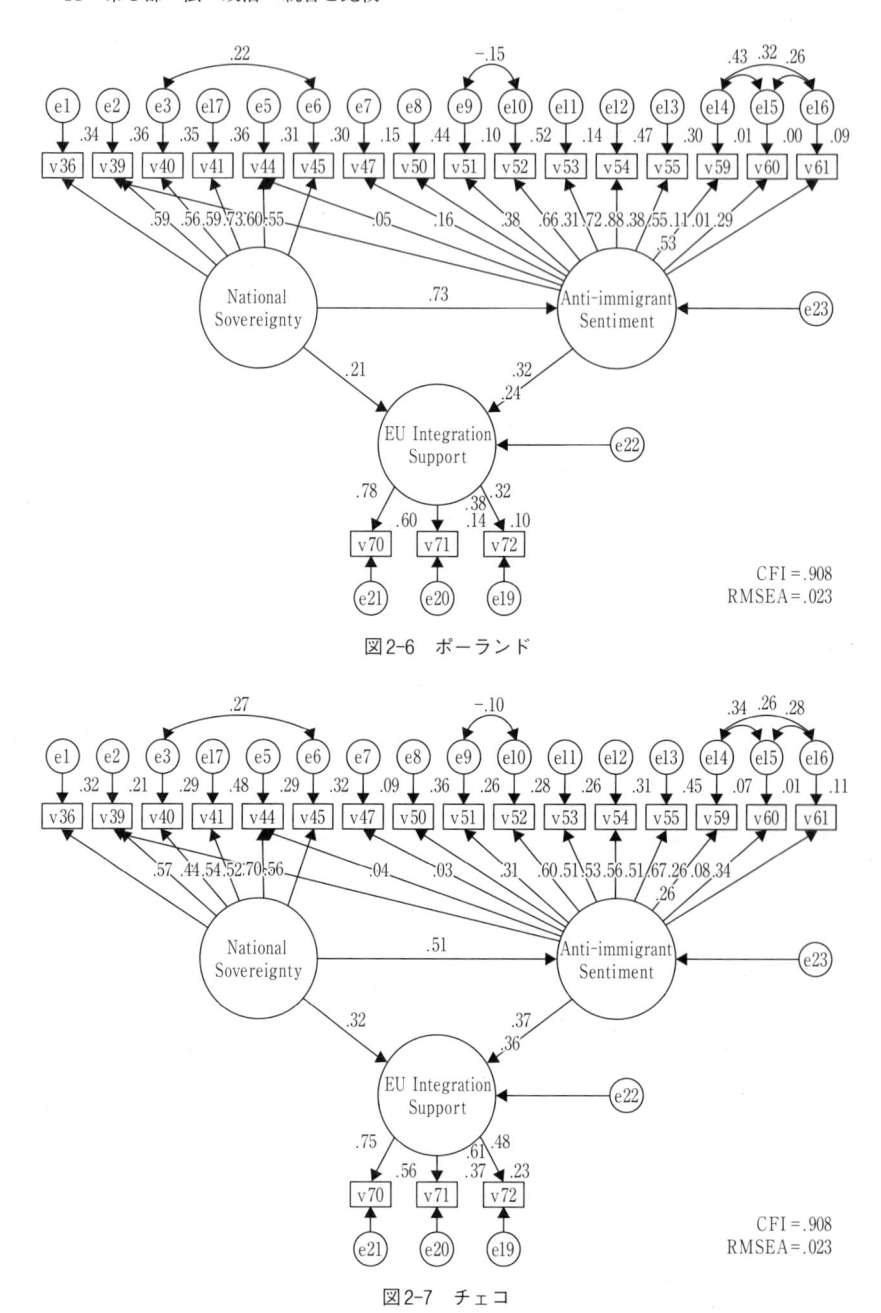

図2-6　ポーランド

図2-7　チェコ

有意であるが、階層→EU 支持の係数の差は、フランスとフィンランドの間でしか有意でない。そして、スペインは階層→対移民態度、対移民態度→EU 支持ともに有意でない。以上、それぞれの国のパス図を図 2-2 から図 2-7 に示す。

　変数間の関係構造は 配置不変（configural invariance）、すなわち 6 つの国でほとんど同じであり、同一のモデルが適用可能である。ただし、国によって係数の大きさにはある程度の差があるため、異なるサンプルとして分析することが有効であり、多母集団分析を適用する意味があると考えられる。どの国にあっても、国家主権に関する態度は EU 統合への支持および移民に対する態度に影響を与えている。このうち EU 統合への支持への影響という点では、フィンランド、オランダ、フランスの 3 か国において係数が特に大きい。一方、これら 3 か国において反移民意識の EU 支持に与える影響は、国家主権意識の影響より弱い。 新規加盟国であるポーランド、チェコになると逆に、反移民意識の方が強い影響をもっている。スペインは 6 か国の中ではユニークなパターンを示しており、国家主権意識から EU 統合への直接効果が統計的に有意にならない（反移民意識を経由した間接効果は .122 ある）[9]。重相関係数の平方の推定値（Estimates of squared multiple correlations。回帰分析の R 二乗に相当する）に基づいて、このモデルが欧州統合への支持をどれだけ説明できているのかをみると、ここでの EU 統合支持に対する説明力には国によってばらつきがあることがわかる（オランダ .241、スペイン .040、フランス .378、チェコ .359、ポーランド .244、フィンランド .414）。フィンランドではかなり高いが、スペインでは（係数が有意にならないことから当然であるが）この 2 つの潜在変数の説明力が低いことがわかる。

5. おわりに

　データ分析の結果、主要な構成概念の間におおむね予想通りの関係があることが明らかになった。その一方で、スペインの例にみるように、国ごとに関係の強さについては違いがあることもわかった。ただし、前述のとおり、今回用いたモデルでは他の研究では含まれない変数も多く、EU 支持について説明

できない部分も多く残っている。データセットの都合で対象国が限られていることも問題である。この点は今後 EES 調査（European Election Survey）や新しいユーロバロメーター・データでの検討を行うことで補うこととしたい。また、各国の違いの理由を探るには、対象国の特性（その国のサンプルが全体としてもつ特徴）を表す文脈変数を加えた混合モデルの使用なども必要となる。他日を期したい。

注
1) 従属変数についても EU 成立後の政策的対象領域の拡大（経済通貨同盟など）や東方拡大の進展などを反映して、拡大や加盟申請国の市民の態度、特定の政策に対する支持などを対象する研究が増えてきているが、ここでの整理の基準とはしない。Tucker et al.（2002），Tverdova and Anderson（2004），Kentman（2008），間（2007），Elgün and Tillman（2007），Cichowski（2000）など。
2) 個人的利益が中心になる場合「エゴセントリック（egocentric）」理論、国民国家や集団の利益が中心になる場合は「ソシオトロピック（sociotropic）」理論と呼ばれる。
3) データはドイツの Zentralarchiv für Empirische Sozialforschung an der Universität zu Köln（ZA）のウェブサイト（ZACAT）から入手した。
4) Brinegar and Jolly（2005）のようにユーロバロメーター・データから OEIV 変数と呼ばれる合成変数を作成して従属変数としている例もある。
5) 本章は、国際ワークショップ「ナショナル・アイデンティティ、ヨーロッパのシティズンシップおよび移民」において、"National Identity and European Integration: Preliminary Analysis"として主に英語で口頭発表したものを文章化したものである。
6) ISSP2003 データを使用して、職業の影響を中心においたより複雑なモデルを推定したものとして、Hooghe et al.（2007）がある。
7) 図表の出力のため主な分析には Amos17.0 を利用しているが、データが欠損値を含んでいるため、修正指数の出力には Mplus 5.1 を用いた。
8) この研究ではデータの制約もあり、マルチレヴェル／混合モデルを用いなかった。
9) また、回答者の経済的地位を含むモデルでは、スペインのみ国家主権意識との関係が有意にならない。

参照文献
Anderson, Ch. J.（1998）"When in Doubt, Use Proxies: Attitudes Toward Domestic Politics and Support for European Integration," *Comparative Political Studies*, 31, 569-601.

第 2 章　ナショナル・アイデンティティとヨーロッパ統合　*41*

Anderson, Ch. J. and Kaltenthaler, K. C. (1996) "The Dynamics of Public Opinion toward European Integration, 1973-93," *European Journal of International Relations*, 2, 175-199.

Anderson, Ch. J. and Reichert, M. S. (1998) "Economic Benefits and Support for Membership in the EU," *Journal of Public Policy*, 15, 231-249.

Aspinwall, M. (2002) "Preferring Europe: Ideology and National Preferences on European Integration," *European Union Politics*, 3, 81-111.

Brinegar, A. and Jolly, S. K. (2005) "Location, Location, Location: National Contextual Factors and Public Support for European Integration," *European Union Politics*, 6, 155-180.

Brinegar, A. P., Jolly, S. K. and Kitschelt, H. (2004) "Varieties of Capitalism and Political Divides over European Integration," in Marks, G. and Steenbergen, M. R. eds., 62-92.

Bruter, M. (2007) *Citizens of Europe?: The Emergence of a Mass European Identity*, Palgrave, Hampshire.

Carey, S. (2002) "Undivided Loyalties: Is National Identity an Obstacle to European Integration?," *European Union Politics*, 3, 387-413.

Carrubba, C. (2001) "The Electoral Connection in European Union Politics," *Journal of Politics*, 63, 141-158.

Christin, Th. (2005) "Economic and Political Basis of Attitudes towards the EU in Central and East European Countries in the 1990s," *European Union Politics*, 6, 29-57.

Christin, Th. and Trechsel, A. H. (2002) "Joining the EU?: Explaining public opinion in Switzerland," *European Union Politics*, 3, 415-443.

Cichowski, R. A. (2000) "Western Dreams, Eastern Realities: Support for the European Union in Central and Eastern Europe," *Comparative Political Studies*, 33, 1243-78.

de Vreese, C. H. and Boomgaarden, H. (2005) "Projecting EU Referendums: Fear of Immigration and Support for European Integration," *European Union Politics*, 6, 59-82.

de Vreese, C. H. and Boomgaarden, H. G. (2006) "Media Effects on Public Opinion about the Enlargement of the European Union," Journal of Common Market Studies, 44, 419-36.

de Vreese, C. H., Boomgaarden, H. G. and Semetko, H. I. (2008) "Hard and Soft: Public Support for Turkish Membership in the EU," *European Union Politics*, 9, 511-530.

de Vreese, C. H. and Kandyla, A. (2009) "News Framing and Public Support for a

Common Foreign and Security Policy," *Journal of Common Market Studies*, 47, 453-481.
de Vries, C. E. and Edwards, E. E. (2009) "Taking Europe to its Extremes: Extremist Parties and Public Euroscepticism," *Party Politics*, 15, 5-28.
de Vries, C. E. and van Kersbergen, K. (2007) "Interests, Identity and Political Allegiance in the European Union," Acta Politica, 42, 307-328.
Díez Medrano, J. (2003) *Framing Europe: Attitudes to European Integration in Germany, Spain, and the United Kingdom*, Princeton Univerisity Press, Princeton.
Edwards, E., Netjes, C. E. and Steenbergen, M. R. (2005) "Who's Cueing Whom?: Assessing the Relationship between Electorate Opinion and Party Positions on the European Union," Paper prepared for the Euroskepticism Conference, Amsterdam 1-2 July 2005.
Eichenberg, R. C. and Dalton, R. J. (1993) "Europeans and the European Community: The Dynamics of Public Support for European Integration," *International Organization*, 47, 507-534.
Eichenberg, R. C. and Dalton, R. J. (2007) "Post-Maastricht Blues: The Transformation of Citizen Support for European Integration, 1973-2004," *Acta Politica*, 42, 128-52.
Elgün, O. and Tillman, E. R. (2007) "Exposure to European Union Policies and Support for Membership in the Candidate Countries," *Political Research Quarterly*, 60, 391-400.
Esping-Andersen, G. (1990) *The Three Worlds of Welfare Capitalism*, Polity, Cambridge.
Gabel, M. J. (1998a) "Economic Integration and Mass Politics: Market Liberalisation and Public Attitudes in the European Union," *American Journal of Political Science*, 42 (3): 936-953.
Gabel, M. J. (1998b) "Economic Integration and Mass Politics: Market Liberalization and Public Attitudes in the European Union," *American Journal of Political Science*, 42, 936-953.
Gabel, M. J. (1998c) "Public Support for European Integration: An Empirical Test of Five Theories," *Journal of Politics*, 60, 333-354.
Gabel, M. J. (1998d) *Interests and Integration: Market Liberalization, Public Opinion, and European Union*, University of Michigan Press, Ann Arbor.
Gabel, M. J. and Anderson, Ch. (2002) "The Structure of Citizen Attitudes and the European Political Space," *Comparative Political Studies*, 35, 893-913.
Gabel, M. J. and Palmer, H. (1995) "Economic Integration and Mass Politics," *European Journal of Political Research*, 27, 3-19.
Gabel, M. J. and Scheve, K. (2007a) "Estimating the Effect of Communications on Public Opinion using Instrumental Variables," *American Journal of Political Science*, 51, 1013

-1028.
Gabel, M. J. and Scheve, K. (2007b) "Mixed Messages: Party Dissent and Mass Opinion on European Integration," *European Union Politics*, 8, 37-59.
Gabel, M. J. and Whitten, G. D. (1997) "Economic Conditions, Economic Perceptions, and Public Support for European Integration," *Political Behavior*, 19, 81-96.
Garry, J. and Tilley, James (2009) "The Macroeconomic Factors Conditioning the Impact of Identity on Attitudes towards the EU," *European Union Politics*, 10, 361-379.
Green, D. M. (2007) *The Europeans: Political Identitiy in an Emerging Polity*, Lynne Rienner, Boulder.
Haesly, R. (2001) "Euroskeptics, Europhiles and Instrumental Europeans: European Attachment in Scotland and Wales," *European Union Politics*, 2, 81-102.
Hall, P. A. and Soskice, D. (eds.) (2001) *Varieties of Capitalism: The Institutional Foundations of Comparative Advantage*, Oxford University Press, Oxford.
Herrmann, R. K., Risse, Th. and Brewer, M. B. (eds.) (2004) *Transnational Identities: Becoming European in the EU*, Rowman & Littlefield, Oxford.
Hooghe, L. (2003) "Europe Divided?: Elites vs. Public Opinion on European Integration," *European Union Politics*, 4, 281-304.
Hooghe, L. (2007) "What Drives Euroskepticism?: Party-Public Cueing, Ideology and Strategic Opportunity," *European Union Politics*, 8, 5-12.
Hooghe, L., Huo, J. J. and Marks, G. (2007) "Does Occupation Shape Attitudes on Europe?: Benchmanrking Validity and Parsimony," *Acta Politica*, 42, 329-351.
Hooghe, L. and Marks, G. (2004) "Does Identity or Economic Rationality Drive Public Opinion on European Integration?," *PS: Politics & Political Science*, 37, 415-20.
Hooghe, L. and Marks, G. (2005) "Calculation, Community and Cues: Public Opinion on European Integration," *European Union Politics*, 6, 419-443.
Hooghe, L. and Marks, G. (2006) "Europe's Blues: Theoretical Soul-Searching after the Rejection of a European Constitution," *PS: Politics & Political Science*, 29 (2) : pp.247-250.
Iversen, T. (1999) *Contested Economic Institutions*, Cambridge University Press, Cambridge.
Karp, J. A. and Banducci, S. A. and Bowler, S. (2003) "To Know it is to Love it?: Satisfaction with Democracy in the European Union," *Comparative Political Studies*, 36, 271-292.
Karp, J. A. and Bowler, S. (2006) "Broadening and Deepening or Broadening versus Deepening: The Question of Enlargement and Europe's Hesitant Europeans," *European Journal of Political Research*, 45, 369-390.

Kentmen, C. (2008) "Determinants of Support for EU Membership in Turkey-Islamic Attachments, Utilitarian Considerations and National Identity," *European Union Politics*, 9, 487-510.

Kritzinger, S. (2003) "The Influence of the Nation-State on Individual Support for the European Union," *European Union Politics*, 4, 219-241.

Lubbers, M. and Scheepers, P. (2005) "Political versus Instrumental Euro-scepticism," *European Union Politics*, 6, 222-242.

Luedtke, A. (2005) "European Integration, Public Opinion and Immigration Policy: Testing the Impact of National Identity," *European Union Politics* 6, 83-112.

Maas, W. (2007) *Creating European Citizens*, Rowman & Littlefield, New York.

Marks, G. and Steenbergen, M. R. (eds.) (2004) *European Integration and Political Conflict*, Cambridge University Press, Cambridge.

McLaren, L. M. (2002) "Public Support for the European Union: Cost/Benefit Analysis or Perceived Cultural Threat?," *Journal of Politics*, 64, 551-566.

McLaren, L. M. (2004) "Opposition to European Integration and Fear of Loss of National Identity: Debunking a Basic Assumption Regarding Hostility to the Integration Project," *European Journal of Political Research*, 43, 895-912.

McLaren, L. M. (2006) *Identity, Interests and Attitudes to European Integration*, Palgrave, Hampshire.

McLaren, L. M. (2007a) "Explaining Mass Level Euroscepticism: Identity, Interests, and Institutional Distrust," *Acta Politica*, 42: 233-51.

McLaren, L. M. (2007b) "Explaining Opposition to Turkish Membership of the EU," *European Union Politics*, 8, 251-78.

Muthén, L. K. and Muthén, B. O. (2007) *Mplus: User's Guide*. Fifth edition, Muthén & Muthén, Los Angeles.

Nelson, B. F. and Guth, J. L. (2000) "Exploring the Gender Gap: Women, Men and Public Attitudes toward European Integration," *European Union Politics*, 1, 267-291.

Nelson, B. F., and Guth, J. L. (2003) "Religion and Youth Support for the European Union," *Journal of Common Market Studies*, 41, 89-112.

Nelson, B. F., Guth, J. L. and Fraser, C. R. (2001) "Does Religion Matter?: Christianity and Public Support for the European Union, " *European Union Politics*, 2, 191-217.

Ray, L. (2003a) "Reconsidering the Link between Incumbent Support and Pro-EU Opinion," *European Union Politics*, 4, 259-27.

Ray, L. (2003b) "When Parties Matter: The Conditional Influence of Party Positions on Voter Opinions about European Integration," *Journal of Politics*, 65, 978-994.

Rohrschneider, R. (2002) "The Democracy Deficit and Mass Support for an EU-Wide Government," *American Journal of Political Science*, 46, 463-475.

Sánchez-Cuenca, I. (2002) "The Political Basis of Support for European Integration," *European Union Politics*, 1, 147-171.

Schmitt, H. and Thomassen, J. (2003) "Dynamic Representation: The Case of European Integration," *European Union Politics*, 1, 318-339.

Steenbergen, M. R. and Jones, B. S. (2002) "Modeling Multilevel Data Structures," *American Journal of Political Science*, 46, 218-37.

Steenbergen, M. R., Edwards, E. E. and de Vries, C. E. (2007) "Who's Cueing Whom?: Mass-Elite Linkages and the Future of European Integration," *European Union Politics*, 8, 13-35.

Taggart, P. (1998) "A Touchstone of Dissent: Euroscepticism in Contemporary Western European Party Systems," *European Journal of Political Research*, 33, 363-88.

Taggart, P. and Szczerbiak, A. (2004) "Contemporary Euroscepticism in the Party Systems of the European Union Candidate States of Central and Eastern Europe," European Journal of Political Research, 43, 1-27.

Taggart, P. and Szczerbiak, A. (2005) "Three Patterns of Party Competition Over Europe," Paper Prepared for Conference "Euroskepticism-Causes and Consequences."

Taggart, P. and Szczerbiak, A. (eds.) (2008) *Opposing Europe?: The Comparative Party Politics of Euroscepticism: Case Studies and Country Surveys*, Oxford University Press, Oxford.

Tucker, Joshua A., Pacek, A. C. and Berinsky, A. J. (2002) "Transitional Winners and Losers: Attitudes toward EU Membership in Post-Communist Countries," *American Journal of Political Science* 46 (3): 557-71.

Tverdova, Y. and Anderson, Ch. (2004) "Choosing the West? Referendum Choices on EU Membership in East-Central Europe," *Electoral Studies*, 23, 185-208.

Vetik, R., Nimmerfelft, G. and Taru, M. (2006) "Reactive Identity versus EU Integration," *Journal of Common Market Studies*, 44, 1079-1102.

Vössing, K. (2005) "Nationality and the Preferences of the European Public toward EU Policy-Making," *European Union Politics*, 6, 445-467.

Wessels, B. (2007) "Discontent and European Identity: Three Types of Euroscepticism," *Acta Politica*, 42, 287-306.

豊田秀樹編 (2007)『共分散構造分析・Amos編』東京図書.

間寧 (2007)「EU拡大支持の理由：経済、文化、民主主義」『現代の中東』第43号、23-31.

第3章　取締役の利益相反取引規制の範囲について

鈴木隆元

1. はじめに

　会社法356条1項（以下、会社法については、条数のみを示す）は、取締役の利益相反取引につき、事前に株主総会の承認を受けなければならないことを定める[1]。取締役会設置会社では、取締役会の承認である（365条）。承認を要する利益相反取引とは、①取締役が自己または第三者のために株式会社と取引をしようとするとき（356条1項2号。以下、「直接取引」と表記する）、および②会社が取締役の債務を保証することその他取締役以外の者との間において株式会社と当該取締役との利益が相反する取引をしようとするとき（同項3号。以下、「間接取引」と表記する）である。

　対象となる利益相反取引を定める規定の文言は、会社法と2005（平成17）年改正前商法265条とで、口語化されたことを除き、変化はないものの、会社法は、直接取引と間接取引を別個の号に分けて規定した。また、利益相反取引に関する取締役の責任につき、一般の任務懈怠責任に統合するとともに、一定の特則が設けられた（423条1項、3項、428条）[2]。

　従来から、利益相反取引について、承認を要する取引の範囲を拡大・縮小する解釈がなされてきた。これらの解釈は会社法のもとで維持されるのか。取締役の責任に関する、423条3項、428条の適用関係は、どうか。解釈上、承認を要しない取引につき、423条3項や428条の適用の有無などを確認することを要する。

　さらに、356条の取引の範囲を拡大する解釈をとる場合、会社法のもとでは、とりわけ428条の適用の関係から、承認を要することに異論はなくても、

それが直接取引なのか、間接取引なのか、また直接取引に位置付けられるのであれば自己のためか、第三者のためかを、明確にする必要がある。

2. 利益相反取引の効力・取締役の責任

（1） 承認のない取引の効力

　必要な承認を得てなされた取引は有効である。承認のない取引は無効であるが、善意の第三者に対する関係では、会社は無効を主張できないとする相対的無効の考え方が定着している。最高裁は、間接取引につき、次いで直接取引のうち約束手形転得者につき、これを認めた[3]。学説の多数も相対的無効説を支持しており、直接取引の相手方当事者（取締役が第三者を代理してなした第三者のためにする取引の第三者も含む）との関係では無効であるが、それ以外の善意の第三者に対して、会社は承認のない利益相反取引の無効主張ができない[4]。相対的無効説により、取引の安全を図ることができることは、利益相反取引の範囲を拡大する解釈論の論拠の1つとなっている[5]。

（2） 自己のための取引と428条

　直接取引の要件である「自己または第三者のため」の意義につき、名義説と計算説がありうるが、計算の帰属は間接取引として規制対象となることから、その区別の実益はなくなっていた[6]。つまり、直接取引の「ために」とは、名義を意味する。自己のためにとは、自己が法律行為の当事者となることであり、第三者のためにとは、第三者を取締役が代理・代表することである。会社法のもとでも、このような理解でよいだろう[7]。ただし、これを形式的にあてはめると、実質は直接取引でありながら、あえて第三者を介在させて会社と取引するような、脱法的で悪性の強い利益相反取引につき、428条を適用して、厳格な責任を負わせることができなくなる。428条にいう自己のためを、計算と解する[8]とか、間接取引に428条を類推する[9]考え方でよいか。形式的には、取締役が当事者とならず、あるいは第三者を代理・代表しないために、間接取引と位置付けざるをえない取引であっても、名義人と計算の

帰属する取締役を一体と捉えて、自己のための直接取引と構成することのできる類型は存在する[10]。

428条にいう「自己のため」を計算と理解すると、その適用がある取引とは、自己の名義でなす直接取引（356条1項2号）であることを前提に、それが同時に自己に計算が帰属する場合に限定されるのであろうか[11]。それとも、名義が自己に帰属しないために間接取引とされるものでも、計算が自己に帰属していれば428条の適用を肯定するのであろうか[12]。後者はあまりに文言になじまない。類推適用にしても、間接取引の範囲を広く捉えると、問題が生じる。428条は承認の有無にかかわらず適用される[13]。直接取引・間接取引を問わず、取締役に計算が帰属する取引において、会社に損害が出れば、承認を得ていても、ほぼ責任を免れられないというのは、バランスのとれた結論であろうか。

3. 適用範囲の縮小

（1） 解釈による適用範囲の縮小

利益相反取引規制の趣旨から、定型的にみて利益相反関係の生じ得ない取引は、356条の規制対象とはならず、会社の承認のない取引であっても有効であると解されている[14]。取締役が会社の販売する商品を一般の顧客と同一の条件で購入する場合も、規制は及ばない[15]。

具体的取引が会社にとって公正で、会社を害することがないときには、承認を不要とする考え方がある[16]が、学説の多数は否定的である[17]。具体的取引の公正さは、まさにその取引を承認する機関の判断に委ねられるべき事柄であろう。よって、承認を求める義務が肯定されるべきである。

総株主の同意がある場合には、取締役会の承認は不要である[18]。一人会社の株主でありかつ取締役である者が、会社と取引をするには承認不要である[19]。

さらに、甲社取締役Aが、甲社の完全子会社乙社の代表取締役である場合、甲乙間の取引において、乙社をAが代表しても、甲社において承認は不要とする考え方がある[20]。形式的には第三者のためにする取引だが、実質上完全親子

会社間の取引には利害対立がないことを根拠とする。甲社の株主が害される危険はあるかもしれない[21]が、承認の有無は、取引の有効・無効を左右するのみで、取締役の責任は発生しうる。取締役の兼任関係がある場合でも、完全親子会社関係にあれば、定型的にみて利益相反関係がないとして、利益相反取引規制は及ばないと解される。

(2) 356条の適用範囲外の取引に関する取締役の責任
1) 任務懈怠の推定

　解釈上、356条の適用がない取引によって会社に損害が生じたとき、取引を行った取締役等は、423条3項により、任務懈怠が推定されるのか。

　承認不要の取引は、承認なくして有効である。取引によって会社に損害が生じているとき、取引を無効にすることでは会社は救済されず、取締役の責任追及によることになる。利益相反取引の一般的危険性から、あえて承認不要の取引でも任務懈怠を推定する意義はありそうである。また、2005（平成17）年改正前商法266条1項3号に相当する規定がなくなり、同項4号が無過失責任と解されていた[22]ものを、他の責任原因とあわせて、会社法が423条1項の一般的責任規定に集約し、過失責任へと転換したことに伴い、利益相反取引につき、取締役に対しある程度容易に責任発生を肯定する途を設けたものとも理解できる。

　推定されるのは、356条違反ではなく、取引の執行についての善管注意義務・忠実義務違反（任務懈怠）である。定型的取引をまさに、定型的取引としてなしたとき、あるいは一人会社との取引や完全親子会社間の取引については、任務懈怠を推定されても覆すことは容易であろうし、損害発生がないなど他の責任要件が否定されることが通常であろう。総株主の同意により取締役会承認不要とされたのであれば、責任免除（424条）があったと理解できる（その上で、承認した内容と異なる執行方法がなされたことによる損害については、任務懈怠責任は生じうる）。

2) 428条の適用

　356条の承認を要しないとされる自己のための直接取引につき、428条の適用も肯定してよいのではないか。損害不発生、総株主の同意による責任免除、さらには任務懈怠のないことの証明により、責任を免れることができるし、356条の承認不要の取引については、通常そのようにして責任が否定されるであろう[23]。

4. 適用範囲を拡大する解釈

　形式的には、利益相反取引を規制する356条に該当しない取引でも、実質的に会社・取締役間の利益相反関係が認められる取引が存在する。356条の文言形式に合致する取引のみを規制対象としていたのでは、第三者を介在させることにより、規制対象からの潜脱が容易になってしまう。実質的な利益相反取引についても事前予防規制の対象とする解釈論が主張され、判例もそうした傾向にある。問題は、どこまでの実質上の利益相反取引を356条の規制対象とすべきかである。事前予防規制として取締役に承認を求める義務を課すると、その義務が尽くされていない取引は無効であり、任務懈怠も肯定され、会社に対する責任を負担する可能性が高まる[24]。取締役や取引相手方にとって、利益相反取引規制の及ぶ範囲は、明確でなければならない。会社法では、423条3項、428条が設けられた。事後的に検討した結果、はじめて規制対象であると評価されるようでは、取締役にとって回避できない責任を負担することになりかねない。

　以下で検討する取引につき、それが承認を要する利益相反取引（以下、356条1項の規定により、承認を要する利益相反取引を「利益相反取引」と表記する）に該当すると解される場合、423条3項が適用されることは明らかである。問題は、428条の適用要件たる、自己のためにする直接取引といえるか否かである。428条の意義については議論がある[25]が、少なくとも、他の利益相反取引よりも取締役に厳格な責任を課す構造になっている。そこで、ある取引が利益相反取引とされるとしても、それが自己のための直接取引と位置付けられ

るか否かは、取締役の責任追及の場面において結論を異ならしめる。よって、ある取引が利益相反取引か否かだけでなく、それが自己のための直接取引なのか否かが明らかにされなければならない。

もちろん、直接取引か間接取引かの区別は、356条1項2号、3号の文言解釈が出発点ではある。そして、両者の区別は、428条の適用の有無だけでなく、承認のない取引が、相対的無効によって取引相手方を保護することができるかに影響する。会社法制定前より、ある取引が利益相反取引に該当するか否かにつき、主に、取引の安全と、取締役との利害衝突する会社保護の要請とのバランスから解釈が進められてきた[26]。

（1） 兼任関係と利益相反取引

甲株式会社の代表取締役Aが、乙株式会社の代表取締役でもあるとき、甲乙間でなされる取引、あるいは乙社の債務を甲社が保証することは、利益相反取引か。

まず、後者であるが、最判昭和45年4月23日民集24巻4号364頁は、甲社の代表取締役Aが乙社の代表取締役でもある場合、甲社をAが代表して乙社債務の保証をなす行為は、利益相反取引であるとする[27]。この判決当時の商法265条には、間接取引を直接規制する文言は加えられていなかった[28]。それゆえ、この判決では、甲社の乙社債務の保証をAによる第三者乙社のためにする取引と構成している。間接取引の規定が設けられた後は、これが間接取引に該当することには、ほぼ異論なかろう[29]。会社法のもとでも、甲乙両社の代表取締役Aが乙社債務保証を甲社を代表して行うのであれば、間接取引である。

問題は、Aが代表取締役でありながら甲社を他の代表取締役が代表するとき、またはもともとAが甲社の単なる取締役にすぎず、代表取締役でないときである。債務保証をしてもらう乙社の代表取締役の地位をAが有していることにより、乙社の利益はすなわち、Aの利益となるといえるだろうか。このような場合にも、間接取引とする説が有力である[30]。Aが甲社代表取締役に保証要請したことを要件に、間接取引とするものもある[31]。

甲社取締役Aが代表取締役となっている乙社の債務を、甲社が保証する行

為は、甲社をだれが代表しても、間接取引になると解すべきであろう。甲社がなす乙社債務の保証は、甲乙間でなされる直接取引よりも、甲社にとって不利益となる可能性が定型的に高いとみられるからである（債務保証という行為の不利益性）。Aは、主債務者の代表取締役であり、かつ甲社取締役である。Aの与り知らない間に甲社が乙社債務保証をなすことがあっても、それをAは知るべきである。また、間接取引の承認を求める義務者は、Aまたは甲社を代表する取締役いずれでもかまわないと解すれば、甲社を代表する取締役は、Aが主債務者たる乙社の代表取締役であることを知るべきこととしても酷ではなかろう。この取引に428条の適用・類推適用はない。承認を得ていても423条3項の任務懈怠の推定はあるが、善管注意を尽くし、諸般の事情により保証をなすことが甲社にとって合理的と判断してなされたのであれば、任務懈怠の推定は覆る。保証の相手方の保護の必要な場面では、相対無効が機能する。

　他方、Aが乙社の取締役にすぎない場合で、下記（2）で検討するような事情がないのであれば、もはや利益相反取引ではないと解される。甲社取締役としての善管注意義務・忠実義務の問題として考えれば足りよう[32]。

　甲乙両社の代表取締役Aが、両社を代表して甲乙間で取引するとき、甲乙両社にとって、直接取引である。他方、Aが両社の代表取締役であっても、甲乙間の取引で、乙社をAとは別の代表取締役Bが代表するのであれば、甲社において承認不要と解されている[33]。だが、この場合も甲社をAが代表すれば、甲社において承認を要するとの主張がある。Aは甲社のみならず、乙社も代表したものとみるべきだからという[34]。たしかに、Aが乙社代表取締役である以上、乙社をBが代表しても、甲社に不利な取引となる危険が高い。甲乙間の取引の決定が乙社の取締役のみで決せられている（乙社の取締役であるA・Bにより甲乙間の取引が決定される）からである。かかる取引を利益相反取引としても、Aあるいは乙社にとって不測とはならない。Aも乙社を代表するBも、甲社と取引すること、Aが甲社の代表取締役であることは把握できるし、また把握しなければならない。

　この場合、直接取引か間接取引か。Aが乙社をも代表したとみるべきであると理解すれば、第三者のための直接取引である[35]が、形式上Aは乙社を代表

しないから、間接取引にしかなりえないとの理解がある[36]。だが、間接取引は、その範囲が無限に拡大しうる危険をはらむ[37]。間接取引の範囲につき抑制的であるべきならば、「ために」を名義で理解してもなお、直接取引であると構成できるものは、直接取引としてよいのではなかろうか。

さらに進んで、Aが甲社の取締役であって、乙社の代表取締役であれば、Aが甲乙どちらの会社の代表もしない場合でも、直接取引であると解する説がある[38]。たしかに上記のように、甲社取締役Aが乙社の代表取締役であるときに乙社債務を甲社が保証する場合に、甲社をAが代表しなくても間接取引となるとすれば、こちらの場合も利益相反取引に含めて考えないと平仄が合わない[39]。この場合も利益相反取引と解すべきであろうか。

甲社が乙社となす取引の意思決定を、甲社においてA以外の取締役が善管注意を尽くして決していれば、甲社とAとの間の利害衝突は解消される（Aは乙社をも代表しない）。すなわち、かかる場面ではAは少なくとも形式上、両社において意思決定に関与しないため、利益相反関係が明白ではない。ここに事前規制をかけずとも、甲社において取引を決定、執行した取締役の善管注意義務・忠実義務の問題として処理できる。もちろん、実質的にAが関与していれば、Aの忠実義務違反も問われる。Aの忠実義務違反であれば甲社を代表した取締役とAとの関係から、甲社を代表した取締役の権限濫用として、悪意の乙社に対しては甲社が取引の無効主張ができると解しうる。取締役の任務懈怠責任と取引の無効主張の可能性により、甲社の利益は保護されうる。

乙社債務の甲社による保証の場合と、甲乙間の取引では、甲社が不利益となる危険性の度合いに差異がある。債務保証は、保証する側にとって定型的に不利益性が認められる。それゆえにこそ、間接取引が債務保証を具体的に例示しながら利益相反取引としたのではないか。もともと間接取引は、直接取引の構造に合致しないながら、会社の利益が犠牲になる構造が直接取引と同様であるため、利益相反取引とされたものである。だが保証契約は、主債務者との間になされるものではない。それゆえ、会社がなす債務保証の内容につき、主債務者との交渉により公正性を確保することが困難である。したがって、直接取引よりも会社に不利益となる危険が高いがゆえに、「取締役」の債務を会社が保

証することを超えて、「取締役が代表取締役を務める他社」の債務を保証することまで、利益相反取引となると解されよう。

　間接取引の対象は、「会社が取締役以外の第三者との間において株式会社と当該取締役との利益が相反する取引をしようとするとき」のすべてではなく、会社が第三者との間でなす保証または保証と同等以上の会社への不利益性が定型的に認められる取引として、限定的に解すべきではなかろうか[40]。解釈上、直接取引に該当せず、かつ、保証または保証と同等以上の会社への不利益性が定型的に認められない取引は、取締役と会社の間の利益相反関係が認められるものであっても、もはや利益相反取引ではなく、当該取引をなす取締役および利益相反関係に立つ取締役の善管注意義務・忠実義務の問題となるのである[41]。

（2）相手方と取締役の実質的一体性

　会社がなす取引の相手方が、会社の取締役と経済的一体性を有すると認められるとき、規定の文言上、形の上では直接取引にも間接取引にも該当しないが、実質的な利益相反関係が認められる。

　まず、甲株式会社の取締役Aが乙株式会社の全株式を有するとき、甲乙間でなされる取引が問題となるが、乙社をAが代理・代表しなくても利益相反取引であることにはほぼ異論がない[42]。名古屋地判昭和58年2月18日判時1079号99頁もこれを肯定する。形の上では、Aは乙社を代理・代表していないので直接取引ではないし、甲乙間の取引は、甲社と甲社取締役のA個人とが利益の相反する間接取引ではない。しかし、乙社の事業上の損益は全株式を有するAにそのまま直結する関係にあるといえる。それゆえ、利益相反取引と判断すべきことになる。

　このように解しても、Aにとって不測の事態は生じないと考える。自己が取締役を務める会社が、自己が全株式を有する会社と取引しようとしていることは、いかに乙社の所有と経営が分離していようとわかるはずである[43]。甲社取締役としてのAに、自己が全株式を有する乙社が甲社と取引しようとするときに、それを把握しなければならない義務を課しても、過大な負担とはいえない

であろう。

　これは直接取引か間接取引か。上記名古屋地判昭和58年は、この取引を取締役の自己の計算でなしたものと位置付けている。直接取引では名義を問い、計算は間接取引で問うとすれば、ここでの甲乙間の取引は、計算がAに帰属する間接取引といえる。また、Aの乙社のためにする行為は何もない。このため、間接取引といえそうである[44]。

　しかし、乙社とAの利害が完全に一致していることから、直接取引とみるのが自然であるとの主張がある[45]。単に計算の帰属というのではなく、乙社とAを一体視して、Aが自己のために甲社と取引したとみるのである。このような取引を直接取引と構成する場合、必然的に自己のための直接取引となる。それゆえ428条の規定がストレートに適用され、Aの利益の吐き出しが可能となり、また乙社＝Aは悪意であるから、甲社は常に取引の無効を主張できる。間接取引と構成し、428条を類推適用する[46]必要はない。

　なお、乙社株主名簿上、株主がAのみでない場合であっても、他の名簿上の株主がAの親族などであり、実質的にみてAの一人会社とみられる場合にも同様に考えることができる。

　また、甲社の取締役Aが乙社の全株式を有するとき、甲社が乙社債務を保証することは間接取引である。乙社＝Aと理解すれば、まさに文言通りの間接取引である。

　甲社取締役Aが、乙社の過半数の株式を有するにすぎないときの甲乙間の取引は、甲社においてAの利益相反取引か。これを利益相反取引とする学説が有力に主張されている[47]が、反対も根強い[48]。たしかに、乙社の利益が、そのままではないがAに帰属しうる利益相反状況にある。しかし上記のように、甲乙両社の取締役であるAが乙社において代表取締役の地位を有していても、甲乙間の取引につき甲乙両社ともに代表しないのであれば、直接取引でも間接取引でもない。このときの利益相反状況は、株式の過半数所有において出現する利益相反状況とそれほど異ならない。このときの取引を利益相反取引とする場合、乙社の所有と経営が十分に分離しているときにも、少なくともAに乙社が甲社と取引することを探知せよということになる。これはAに酷にすぎ

るのではないだろうか。直接取引と構成すればそれは自己のためであり、Ａは自己が与り知らない間に乙社が甲社となした取引につき、428条が適用される。間接取引と理解するにしても、Ａが平取締役あるいは社外取締役であり、甲社が取引をする前にその取引がなされることを知りえないことは想定できないか（乙社の大株主であることから乙社から情報を入手しなければならないか）。これで承認がなければ356条違反であり、任務懈怠は否定されない。間接取引の承認を求める義務者に会社側代表者を含めるとすれば、甲社代表者に取引相手方乙社の株主構成と持株比率を探知させる義務を負わせることにもなる。

　このように、甲社の取締役が乙社の大株主である場面一般を利益相反取引の問題とすると、取締役にとって過大な負担となりかねない。356条の問題としなくても、善管注意義務・忠実義務の問題にはなるのである[49]。Ａまたは甲社代表取締役に、365条2項を超えて報告義務を課す解釈は可能である。その取引の状況によっては、Ａまたは甲社代表者の権限濫用との構成により、取引を無効とする余地もある。Ａが乙社の代表者でないときには、実質的に乙社株式をすべて所有しており、それゆえ乙とＡとが完全に一体と評価できる場合にのみ、利益相反直接取引となるものと解する。

　下級審判決では、過半数持株とまでいかなくても、事実上の主宰者であることを認定して、利益相反取引であると判断したものもある[50]。事実上の主宰者の判断基準は明確ではないが、甲社取締役Ａが乙社の事実上の主宰者であるとき、甲乙間の取引が常に利益相反取引となるとの理解は、やはり妥当でないだろう。理由は上述したところと同様である。

　ただし、甲社をＡが代表して、Ａが過半数の株式を有する乙社（またはＡが事実上の主宰者である乙社）と取引するときは、利益相反取引である。上記（1）で述べた理由がそのまま該当する。この取引はＡが乙社をも代表したとみてもよいからである。甲社を代表するＡには、相手方乙社につき、自己が過半数の株式を有すること、事実上の主宰者であることは自明である。ここに、356条の承認を求める義務を課しても何ら不都合ではない。そしてこの取引は第三者のための直接取引である。

5. おわりに

　利益相反取引違反の取締役の責任については、基本的に過失責任化された。428 条の意味については、なお、議論の深化が待たれるところである。本章ではまず、解釈上 356 条が適用除外されることに異論のない取引につき、423 条 3 項、428 条の適用があることをみた。

　そして、解釈上 356 条の適用範囲が拡大される場面がどこまでか、それは自己のための直接取引であるのかについて、いくつかの類型を取り上げて検討した。その際、これらの検討結果として、356 条の適用はない取引であっても、取締役にとって利益相反関係のある取引につき、善管注意義務・忠実義務の一環として、他の取締役、取締役会、または株主総会への報告義務等が課せられる解釈論を紹介した。

　本章で扱った内容は、356 条の適用範囲をめぐる議論における、諸類型のうちのごく一部である。他に、利益相反取引の拡大類型がさまざまに論じられている。それらの拡大は肯定されるのか。肯定されるとして、自己のための直接取引なのか。今後の課題としたい。

注

1) 取締役が会社を利益の犠牲にして自己または第三者の利益を図ることを防止する趣旨である。北村雅史（2009）『会社法コンメンタール第 8 巻（機関 [2]）』商事法務 61-62 頁、江頭憲治郎（2009）『株式会社法 [第 3 版]』有斐閣 409 頁、龍田節（2007）『会社法大要』有斐閣 74-75 頁、大隅健一郎・今井宏（1992）『会社法論　中巻 [第 3 版]』有斐閣 234-235 頁など参照。

2) 相澤哲編著（2009）『一問一答　新・会社法 [改訂版]』118-119 頁、斉藤真紀「会社のために、というけれど」法学教室 340 号 64 頁、森本滋「会社法の下における取締役の責任」金法 1841 号 17-18 頁、田中亘「利益相反取引と取締役の責任 [上]」商事法務 1763 号 4-5 頁など参照。

3) 最判昭和 43 年 12 月 25 日民集 22 巻 13 号 3511 頁（間接取引の事例）、最判昭和 46 年 10 月 13 日民集 25 巻 7 号 900 頁（直接取引の事例）。相対的無効とは、最判昭和 43 年によれば、「取締役と会社との間に直接成立すべき利益相反する取引にあっては、会社は、当該取締役に対して、取締役会の承認を受けなかったことを理由として、その行為の無効を主張し得る…が、会社以外の第三者と取締役が会社を代表して自己のためになした取引につい

ては、取引安全の見地より、善意の第三者を保護する必要があるから、会社は、その取引について取締役会の承認を受けなかったことのほか、相手方である第三者が悪意（その旨を知っていること）を主張し、立証して始めて、その無効をその相手方である第三者に主張し得るものと解するのが相当である」というものである。次いで、最判昭和46年は約束手形の転得者について、同様の論法を用いた。

4) 注意を要するのは、最判昭和46年が約束手形の転得者につき、手形法上の善意者保護の規定（善意取得に関する手形法16条2項）があるにもかかわらず、あえてそれを用いなかったことである。学説からは、判例は直接取引の目的物いかんにかかわらず、一般に利益相反取引規制違反の取引の効力を相対的無効と構成するものと位置付けられている。山本爲三郎（2006）「判批」『会社法判例百選』別冊ジュリスト180号 有斐閣135頁。
5) 前田雅弘（1997）「取締役の自己取引」龍田節先生還暦記念『企業の健全性確保と取締役の責任』有斐閣291頁。
6) 本間輝雄（1987）『新版注釈会社法（6）』有斐閣233頁。
7) 江頭・前掲注（1）409頁、龍田・前掲注（1）76頁など。競業取引（356条1項1号）につき、通説（計算説）とは異なる立場（名義説）をとる立案担当者も、直接取引については名義説である。相澤ほか編（2006）『論点解説　新・会社法』326頁。
8) 斉藤・前掲注（2）70頁、田中・前掲注（2）12頁、弥永真生（2009）『リーガルマインド会社法［第12版］』有斐閣211頁。
9) 北村・前掲注（1）81頁、江頭・前掲注（1）438頁。
10) 前田・前掲注（5）305頁以下。また後述3（1）2）参照。
11) 自己の名義でありかつ自己の計算でなす取引に限ることになる。弥永・前掲注（8）211頁参照。
12) 自己の計算であれば、直接取引・間接取引ともに428条の適用を肯定する。
13) 428条のいう、利益相反取引にかかる423条1項の責任は、承認の有無の区別をしない。また、三浦治「利益相反取引に基づく取締役の対会社責任」岡山大学法学会雑誌59巻1号97-98頁参照。
14) 会社が取締役から無利息・無担保の融資を受ける、取締役が会社に対し債務を履行する、会社の債務免除、普通取引約款に基づく取引などである。北村・前掲注（1）78頁、江頭・前掲注（1）410頁、龍田・前掲注（1）75頁、前田・前掲注（5）298頁など参照。
15) 北村・前掲注（1）78頁。
16) 北沢正啓（2001）『会社法［第6版］』有斐閣423頁、松尾健一（2008）『逐条解説会社法　第4巻』中央経済社431頁。
17) 北村・前掲注（1）78頁、前田・前掲注（5）299頁、森本滋（1995）『会社法［第2版］』有信堂245頁など。
18) 最判昭和49年9月26日民集28巻6号1306頁。下記の一人会社の場合と異なり、総

株主の同意があることの意味は、356条の適用除外ではない。総株主の同意が取締役会承認を不要にするということである。

19) 最判昭和45年8月20日民集24巻9号1305頁。一人会社の株主である取締役と会社間の取引は、356条の規制範囲外である。利益衝突がまったくないからである。この判決を批判するものとして、竹内昭夫（1976）『判例商法I』259頁。判例を支持する理由付けにつき、龍田・前掲注（1）76-77頁、森本滋（1990）「取締役の利益相反取引」石田喜久夫・西原道雄・高木多喜男先生還暦記念論文集・下巻『金融法の課題と展望』313-314頁参照。

20) 大阪地判昭和58年5月11日判タ502号189頁、北村・前掲注（1）81-82頁、龍田・前掲注（1）78頁。ただし、前田・前掲注（5）302頁参照。

21) 森本・前掲注（19）315-316頁。

22) 最判平成12年10月20日民集54巻8号2619頁。

23) 428条が適用されても任務懈怠のないことの証明で責任を免れられることにつき、相澤ほか・前掲注（7）331頁。会社側から責任追及をすることが信義則違反となることもあろう。それでもなお責任発生要件を満たすようであれば、やはり責任を負うべきであろう。

24) 423条3項の推定をまつまでもなく、356条、365条の要求する承認を得ていないことは法令違反であり、この任務懈怠は覆すことはできない。無過失であることにより責任を免れることはあろう。最判平成12年7月7日民集54巻6号1767頁参照。しかし、428条が適用されるとなると、そうもいかない。

25) 三浦・前掲注（13）97頁以下、斉藤・前掲注（2）70-71頁、森本・前掲注（2）19-20頁、森本滋「法令違反行為と利益相反取引に係る取締役の責任」金法1849号28-30頁、田中亘「利益相反取引と取締役の責任［下］」商事法務1763号9頁など参照。

26) 前田・前掲注（5）292-294頁。

27) 債務引受（最判昭和45年3月12日判時591号88頁）、会社による担保提供（東京地判昭和50年9月11日金法785号36頁）も同様である。北村・前掲注（1）82頁。

28) 取締役の債務を会社が保証することという、間接取引の典型に利益相反取引規制が及ぶことを初めて判示したのは、最判昭和43年12月25日民集22巻13号3511頁である。これらの判例を受け、1981（昭和56）年商法改正で、商法265条後段に間接取引が定められた。

29) 江頭・前掲注（1）411頁、本間・前掲注（6）245-246頁など。ただし、Aによる乙社債務保証により直接に利益が対立するのは甲社と乙社の間であり、A（取締役）と甲社（会社）の利益が相反するとの、間接取引の規定文言からは、形式上外れる。

30) 前田・前掲注（5）313頁。本間・前掲注（6）246頁は、1981（昭和56）年商法改正以降は、これが通説であると指摘する。

31) 森本・前掲注（2）18頁。

32) とりわけ、Aおよび保証につき甲社を代表する取締役には慎重な判断が求められ、必要があると考えられる場合には、356条の承認ではなく355条の問題として、他の取締役、取締役会、株主総会への報告義務が課せられるものと解する。当該保証につき、355条等を基礎にした報告義務違反があると判断されれば、それは甲社に対する任務懈怠であり、423条1項の責任を肯定する基礎となる。このように356条の適用範囲外でも、情報開示等を取締役に義務付ける見解として、清水円香「兼任取締役を有する会社間の取引（3・完）」法学論叢159巻1号109-111頁参照。
33) 北村・前掲注（1）81頁、江頭・前掲注（1）404頁。
34) 江頭・前掲注（1）410頁。
35) 江頭・前掲注（1）410頁。
36) 北村・前掲注（1）81頁。
37) 龍田・前掲注（1）78頁。
38) 前田・前掲注（5）305-307頁。
39) 江頭・前掲注（1）412頁。このため、間接取引の方を限定的に解する説が提示されていた（大隅・今井・前掲注（1）242頁）が、前田・前掲注（5）314頁により、明快に反駁されている。
40) それゆえ、利益相反取引の範囲の拡大は、可能な限り、直接取引の問題として考察すべきではないだろうか。もちろん、直接取引の「ために」を名義と理解し、計算の帰属は間接取引の問題とすることに異を唱えるものではないが、明確性を維持した上で、自己のため直接取引と構成できるのであれば、428条の趣旨とも整合的ではなかろうか。森本・前掲注（17）245頁では、間接取引は、債務の保証等の信用供与契約における形式的外形的な利害対立関係が認められるものに限るべきであるとの示唆がされていることに注目したい。
41) 取締役の善管注意義務・忠実義務を基礎に、取締役と何らかの利益相反関係にある会社の取引につき、当該取引をなす取締役および利益相反関係にある取締役には、広く、取締役・取締役会・株主総会などへの報告義務があると解する。取締役との責任の関係でのみ利益相反取引の範囲を拡大する解釈論（前田・前掲注（5）311頁）をとることなく、実質的な利益相反関係への柔軟な対応が可能となるのではなかろうか。清水・前掲注（32）109-111頁参照。
42) 北村・前掲注（1）81頁、江頭・前掲注（1）410-411頁など。形式を重視して利益相反取引の範囲を狭く解する説の多くも、肯定的である。大隅・今井・前掲注（1）238頁など。反対、森本・前掲注（17）245頁。
43) 取締役は自然人であり、その者が全株式を有する会社が、自己が取締役に就任している会社と取引をしようとすることを把握するのは困難でないと思われる。
44) 北村・前掲注（1）81頁、龍田・前掲注（1）78頁。

45) 前田・前掲注（5）305頁。
46) 北村・前掲注（1）81頁。
47) 前田・前掲注（5）308頁。
48) 森本・前掲注（17）245頁、大隅・今井・前掲注（39）238頁など。
49) 356条を超えるものでも、一定の範囲で、利益相反状況が出現する取引がなされようとすることを取締役は知る義務があるし、それを他の取締役・取締役会・株主総会に報告する義務がある。この知る義務、報告義務の違反の有無は、事後的な審査になじむと思われる。また、公開会社では関連当事者との取引が個別注記表の記載事項とされること（会社計算規則112条）も、取締役が取引を知るべき義務が課せられている根拠となろう。
50) 大阪高判平成2年7月18日判タ732号218頁。

第4章　会社法における企業の社会的責任論の機能

米山毅一郎

1. はじめに——企業の社会的責任の発生理由——

「企業の社会的責任（Corporate Social Responsibility: CSR）」という言葉は、さまざまな含意をもって用いられてきたが、ここでは2001年欧州委員会の定義に従って、以下のように定義付けることとする。すなわち、「遵守すべき法規制や慣習を超えて、基本的人権の尊重、環境保護、社会の発展、利害関係人の利益の適切な調整といった観点から、企業の持続的発展を支えるためになされる企業の自主的な取り組みである」（秋山他、2004［神作裕之発言］：5)[1]と。結局、「法的な責任が尽きたところから始まる責任」ではあるものの、法学とまったく無関係という存在ではなく、現実には一種の社会規範ないしソフト・ローとして何らかの強制力を有するものであり、会社法との関連でもリスク管理システム・内部統制システム等を通じて、法と社会的責任とはリンクしうるとの指摘（秋山他、2004［神作発言］：5）がなされている。

社会規範として有する強制力とは、換言すれば、会社の取締役・役員（経営者）は、経営上の判断をなす際に、単に当該会社の利潤極大化ないし株主の利益極大化にのみ配慮するのでは社会的責任を果たしたことにはならず、したがって当該企業は「反社会的」行動をしたものと評価される危険性を負い、所期の目的（利益の追求）を果たしえない結果を招くとの心理的抑制が、経営者側に働くことを意味する。いわゆる、会社をめぐる、「利害関係人（stakeholder）」の利益にも配慮せざるをえなくなる状態を指すものと解される。ソフト・ローの形態としては、取引所の定める規則（上場基準）、国際機関・消費者団体・NPOやNGOが定める基準、投資家団体所定のCSR基準等が考え

られる。「基本的人権の尊重」、「環境保護」、「社会の発展」の問題は、当該会社の従業員・債権者・顧客・地域住民・公衆・地方自治体・国家について発生する問題であるから、「責任」の発生する領域は膨大となり、かつその内容も複雑多岐にわたることになる。

そもそも会社とは、社員・出資者たる株主が、私益の増殖を企図して共同企業形態たる事業主体として創出したものである。それゆえ、会社の存在目的が利潤・私益の獲得である点に疑問の余地はない。問題は、会社の事業内容の広範化および社会生活に与える影響の、質・量共における圧倒的重大さにある。現代はまさに企業社会であり、経済活動のみならず、労働の場、取引相手方、地域社会成立の有無、生活の安定・安全、納税主体および国富創出等、ありとあらゆる局面に企業・会社の影響力は及ばざるをえない。ここに、企業は社会の「公器」と呼ばれる理由がある。

企業は社会の中に存立し、経済活動を通じて人びとと取引関係を結んできた点で社会性を有することは当然のことである。その意味で社会的責任を論ずることに改めて意義があるとは考えない。企業が社会の「公器」と呼ばれるほどになったその意味するところは、企業の帯びる「公共性」が、単に「社会性」の量的な拡張以上に、より質的な問題性を含むことを意味しているのではないか（小林、1992a: 45-46）。

第二次世界大戦後の技術革新の波は、大量生産・大量消費社会をもたらし、その結果大量に放出される廃棄物が各地域社会に公害問題を惹起した日本の1970年代前半の状況は、現在、地球規模での環境破壊の問題へと深刻化している。交通・通信技術の発達および冷戦構造の崩壊は、地球を急速に縮め、国際交流と各国の相互依存性を著しく促進した。これらはすべて、企業活動の質的変化・拡張の結果ともいえよう。それゆえ、いまや、企業・会社が帯びる「公共性」は、国際化したのである。

こうして、会社・企業が、私益（利潤）追求のための道具的制度として出発したにもかかわらず、企業活動の質的および量的拡張が、企業に対して「公共性」に基づく制約原理を不可避のものとして課すに至るのである（小林、1992: 52）[2]。ここに、現在の資本主義体制が、国家・政府による介入・規制を

前提として内包する混合経済（mixed economy）を採るに至った一因があると解する。すなわち、企業活動の自由はもはや古典的な自由放任主義に回帰しえない。それゆえ、労働者保護法制、消費者保護法制、独占禁止法制、環境保護法制等は、企業の公共性を実効性あるものとすべく整備されてきた。

　それにもかかわらず、この上さらに会社法学の課題として企業の社会的責任を論じる必要が認められるであろうか。会社経営者にこれらの企業関連諸法を遵守するよう義務付けるのみで足りるともいえそうである[3]。以下においては、会社法の射程として、企業の社会的責任論が会社法学上いかなる機能を有するものであるかにつき、従来のわが国における議論（主として立法論）を概括した上で、若干の私見を述べる。

2.「企業の社会的責任論」と会社法学

　叙上の会社に課される「公共性」に基づく制約原理を、会社法内在的に問題とすべき点を強調するとすれば、会社・企業をめぐる利害調整の原則として「株主の利益最大化」の原則では不十分であるとの認識が生じる。すなわち、とりわけ大規模公開会社の利害調整の原則は、株主の利益のみならず、債権者、従業員、消費者、地域住民等、より広範な利益を考慮する形に設定すべきであるという「企業の社会的責任論」の主張である。もっとも、当初わが国においてこの点の認識はやや無自覚的であったといえよう。というのも、この問題が活発に議論されたのは、1971年頃の大企業による反社会的行為・非行（土地投機、買占め売惜しみ等）に対する批判・攻撃が、その「社会的責任」を問題視したに過ぎないからである。いずれにせよ、かかる状況から、1974年商法改正法案の審議を終えるに際し、衆・参両院の法務委員会は、政府に対し「会社の社会的責任…等について所要の改正を行う」ため、または「会社の社会的責任を全うすることができるよう、株主総会及び取締役会制度の改革を行う」ための商法改正案を提出することを求める附帯決議を行い、その後の会社法改正作業の中で、法務省民事局参事官室は「会社法改正に関する意見照会」（1975年6月）により、各界の意見を求めた。その問題点の第1は、株

式会社法の体系において企業の社会的責任をどう取り扱うべきかというものであった。すなわち、①株式会社法中に会社の社会的責任に関する一般規定として、取締役に対し社会的責任に対応して行動すべき義務を課する明文の規定を設けることを検討すべきか、②株式会社法の個々の制度の改善を通じて会社が社会的責任を果たすことを期待するという方向で検討すべきか、を問うていた。一般に①に賛成する説が社会的責任に関する積極説、②に賛成する説が消極説と位置付けられている（末永、1997: 150; 中村（美）、1994: 47-49）。

積極説からの具体的提案としてさまざまなものがあるが、例えば、①種々の会社関係者を代表する社外取締役制度の導入（三枝、1992: 59; 森田、1979: 23; 末永、1997: 150）、②従業員参加を認める監査役会制度の導入（奥島、1994: 128-129; 新山、1993: 296）、③会社法規定としての民法1条所定の信義則等の規定に照応する企業の社会的責任条項の定立（西原、1974: 116; 田中、1974: 11; 田中、1992: 175）、④取締役の職務執行において株主、債権者、従業員、消費者、地域住民の利益を考慮すべき旨の企業の社会的責任に関する一般的規定の新設（中村（一）、1980: 173-211）[4] 等である。

①に対しては、その提案に従うと、会社の経済効率性を害し社会の富を減少させないか、あるいは、経営者に大きな裁量権を与え事実上無監視の状態に置くことにならないか等の懸念がある（竹内、1984: 127-128）。すなわち、企業が法的責任を果たした上で、それに加えて要求されるのが社会的責任である以上、当該概念は多義的・弾力的であり、その内容が一義的でないために、社会諸利益の取捨選択を取締役の判断に一任する結果となり、経営者の裁量権の拡大をもたらす。指名権者は経営者たる社内取締役であることが現実であろうから、社外取締役・社外監査役といったところで、所詮、社内取締役の腹話術に利用されるに終わる危険性も大きい。その懸念は、基本的には、提案②についても妥当するだろう。

提案③に対しては、「公益優先」論が政治的に悪用される危険なしとしない。すなわち、社会・公共の利益のために企業に対し規制を加えようとする経済法的規定を盛り込もうとすることは、戦時中の商法と経済法との一元論が誤りであったのと同様に妥当ではない（鈴木、1975: 10）。「社会・公共の利益」が、

企業は社会・公共の利益に反することをしてはならないという意味であれば、民法1条の原則によって対応すればよく、逆に、「積極的に社会・公共の利益の要求するところに従って会社の経営に当たるべき」との意味であるとすれば、会社の営利法人性との関係をいかに解すべきか疑問である（鈴木・大隅、1975: 6-7）。

加えて、実効性についても疑問である。例えば、中国の2006年会社法5条は、「会社が経営活動を行うに際して、法律・行政法規を遵守し、社会公徳、職業倫理に従い、誠実かつ信用を重んじ、政府と社会公衆の監督を受けなければならない」と規定し、これを受けて深圳証券取引所は「上場会社の社会的責任手引」を作成・配布し、上場企業の社会的責任を強化したが、①「手引」に基づいて上場会社に義務付けられるCSR報告書に対する監督規制が存在しないため、同報告書には企業にとって好都合な事項のみが記載され、必ずしも現状を正確に反映しておらず、②環境に対する責任以外の従業員や債権者等に関する報告は義務化されず、結局のところ、中国会社法5条の規定は、実効性に欠けるとの指摘がなされている（傅、2009: 106-107）。

提案④に対しては、やはり取締役の裁量権の不当な拡大をもたらしかねず、あるいは逆に、取締役に対して、多元的利害関係人の諸利益への配慮義務を課すことは酷にすぎる[5]ともいえよう。

3. 株主利益最大化の原則

現在の通説的見解は、利害調整原則としては「株主利益最大化」の原則を採用し、ただし当該原則を厳格に適用するのではなく、例外を伴った緩い原則にとどまらざるをえないと解することになる。すなわち、江頭憲治郎教授は以下のように述べている。「株式会社においては、対外的経済活動における利潤最大化を始めとする『株主の利益最大化』が、会社を取り巻く関係者の利害調整の原則になる。その原則の具体的な法的効果として、①株主の利益最大化に反する総会決議は無効であり、②取締役・執行役の善管注意義務・忠実義務（会社330条［民644条］・355条・402条3項・419条2項）とは、株主の利益最

大化を図る義務を意味する」が、法規範としては緩いものであり、第1に、定款上、株主利益最大化と矛盾する定めを置くことにつき、「例えば実質的に剰余金の一定割合を株主以外（社会貢献等）に分配する旨の定款の定めは、当然に無効とは解され」ない。

第2に、定款に定めなくても、関係者全員が合意の上で、事実上株主の利益最大化に反する会社運営を行うことも妨げられないとして、地方公共団体と民間企業とが出資する「第三セクター」の例を挙げる。

第3に、「企業の社会的責任」・「企業の社会貢献」への要請に関する取締役・執行役の裁量の幅が大きく、例えば判例法理上、株式会社のなす寄付は、それが社会の期待・要請にこたえるものであり、かつ、会社の規模、経営実績、相手方等を考慮し応分の金額のものである限り、取締役・執行役に義務違反の責任が生じることはないとされる（最判昭和45年6月24日民集24巻6号625頁［八幡製鉄政治献金事件］）ので、これを換言すれば、株主の利益に寄与しない寄付を取締役・執行役が行いうることを意味する。

第4に、対外的経済活動に関しても、日常の経営判断については、「取締役・執行役に大きな裁量権が与えられているので、例えば、取締役が株主の『長期的利益』の最大化を目指すと称して実は従業員の雇用の維持を最優先にする業務執行を行っていても、株主が善管注意義務違反の責任を追及することは困難な場合が多」く、それは従業員利益への配慮を意味することを示唆する。

さらに、会社債権者の利益を犠牲にした「株主の利益最大化」は一定の場合は違法となりうるとして、債務超過またはそれに近い状況下の投機的経営が取締役・執行役の任務懈怠となり、第三者に対する責任を生じさせること等も指摘している。

ここで、「利害調整の原則」としての「株主の利益最大化」の実質的理由は、株主が「残余請求権者」である点に求める。「すなわち、会社債権者は会社に対し株主より先順位の一定額の請求権を有するから、株主の利益最大化は、関係者全員の総価値最大化と同値となり、社会の富の最大化をもたらすとの考えである」と説明される（江頭、2006: 20-21）[6]。

結局、江頭説に立っても、会社の利害関係人に対する配慮は、かなりの範

囲で担保されることになろう。これでもなお不足する利害関係人の利益確保は、会社法以外の個別立法によって担保され、かつ、会社を名宛人とするあらゆる法令の遵守が会社・経営者に義務付けられている（最判平12年7月7日民集54巻6号1767頁［野村證券損失補填株主代表訴訟］）（会355条、423条）。

4. 企業の社会的責任論の会社法学上の機能

　それでは、現在なお「企業の社会的責任論」が会社法学に関して果たす役割・機能とは何であろうか。①具体的立法提案のための理論ないしは実質的理由にすぎないのであろうか。あるいはかつてそうであったように、②企業・会社の非行に対する社会一般からの不満に関する認識論にすぎず、それは、取締役等経営者に対する非行防止のための心理的抑制力を一時的に有するにすぎないのだろうか。あるいはまた、③かつてのメセナ・企業文化論のような、経営者側からの社会一般に対する気紛れな表面の慈善であろうか。それとも、④わが国の企業社会が成熟した証拠としての企業・会社からする社会的責任負担の真摯な意思表明であろうか。それともまた、⑤EUにおける当該問題の隆盛要因とされる、世界経済における競争優位を確立するための国家的企業戦略としての役割であろうか。

　現段階での私見は、そのいずれもが妥当する可能性は肯定しつつ、「企業の社会的責任論」の会社法学に果たす役割・機能とは、既存の個別具体的会社法規定の解釈・運用の弾力化のための実質的根拠にあると思料する。換言すれば、すでに存在する会社法規定の解釈・運用の際に、株主権を行使する者が、単に経済的利益獲得意図で権利行使するのみならず、従業員、環境、地域等株主以外の利益追求目的から会社法所定の権利行使を行う途を拓くことにある。私見がこのように考えるのは、CSRと略称される現代的「企業の社会的責任論」が有する、1970年代型のかつての「企業の社会的責任」論との質的違いに注目するからである。

　神作裕之教授は、以下の点を指摘する。「第1点は…従来の企業の社会的責

任論は、いわば『おまけ』というか、余裕のある企業が付随的に行う活動であるという認識が強かった」のに対し、「最近の、特にヨーロッパの企業の社会的責任論は、社会的責任の実現とか履行を会社の活動の本質的な構成要素として組織化し内部化する。いわば『社会的責任の履行が経営そのものである』と解される」点が、重要な質的違いであり、「企業の社会的責任が、現代の会社経営にとってある意味で避けがたいリスクになって」おり、結果として、「社会的責任に対する会社の取り組み方は、経営の基本方針にも含まれ得ると考えられ、内部統制体制とかリスク管理体制の中で、組織的に対応する必要が出てくる。ここで、法的な責任が尽きたところから始まるものという従来の社会的責任論を超えて、企業の社会的責任が会社法の中に取り込まれる契機が生じる。この点は質的に大きく異なっていると思う」(秋山他、2004 [神作発言]：10)。

「企業の社会的責任が会社法の中に取り込まれる契機」とは、何を意味するのだろうか。この点につき、神作教授は企業の社会的責任について、①経営者は「自分たちはどういうポリシーで何をしてきたか」に関する一種の説明責任を果たし、会社としても社会的責任について説明責任を尽くす必要性が高くなってきているので、そのような観点から経営者の義務・責任論と企業の社会的責任論とを考え直してみる必要があり、②ある種の社会的責任が経営にとって大きなリスクである場合には、経営者には、情報システム・内部統制・リスク管理等を通して組織的に対応する会社法上の義務が認められる旨を指摘する(秋山他、2004 [神作発言]：24)。

また、奥島孝康教授の「CSRの規格化は、それが認証規格ではなくガイドラインであるとはいえ、その運用が一般化してくるにつれて規範性が強まり、CSRをソフト・ロー化する」との指摘 (奥島、2004：30) は正当であると考える。しかしながら、CSRのソフト・ロー化前の段階であっても、社会・公益的ないし非営利的関心を有する株主が、会社法所定の権利を行使することは認められるべきであろう。例えば、株主提案権行使、取締役の説明義務、内部統制システムの具体的内容等に関し、「企業の社会的責任論」はその解釈・運用上にも影響する。

すなわち、株主提案の内容が非経済的・社会的関心に基づくものであったとしても、それを理由として取締役等が説明責任を免除されると解すべきではないし、内部統制システムの構築においても、社会的リスク管理のための手続き・体制を内容的に担保するものでなければ、内部統制システム構築義務を履行したものと評価すべきではない。無論、その場合の具体的内容の妥当性については当該会社の業種・規模・社会状況等、総合的事情から判断されることになろう。

　さらにここで会社とは何か、その法的意味を考えてみると、それはヒトであり、かつモノである。会社が取締役との間で委任者の立場に立つ（会330条）とか、対外的取引において会社の名で権利義務の帰属主体となるのは、まさに会社がヒトであることを意味し、にもかかわらず株主が会社の所有者であり、M&Aの対象として会社が売買されるのは、会社がモノであることを意味する。モノはヒトを所有できない。所有権者はあくまでヒトである。それゆえ、株主を実質的会社の所有者と観念する株式社員権説（鈴木、1971: 37; 大隅、1992: 149）は理論的正当性を有する。

　株主は自然人であり生身の人間なのだから（法人株主も意思表示のために意思を決定する際、その決定権者は究極的には自然人に還元される）、多様な価値観と自己決定権を当然有している。そうすると、環境保護・反戦・反原発等に動機付けられた株主が、その価値観を実現するために株主権を行使することは、それが権利濫用・信義則違反・公序違反・違法行為を構成しない限り、当然認められるべきことになろう。「企業の社会的責任論」は、この場合の権利濫用・信義則違反該当性を排除する理論として機能しうる。例えば、原発建設反対株主が同士を募るためにする株主名簿の閲覧請求は、それが正当な形でなされる限り、権利濫用には当たらない。

　かつてアメリカにおいて、ベトナム戦争反対論者である株主X（原告・上訴人）がY会社（被告・被上訴人）の軍需品製造という経営政策の変更を企図し、自己と見解を同じくする最低1名の取締役を選任したいとの希望に関してYの他の株主と連絡を取るために株主名簿の閲覧をYに求めたがYが拒絶したため、当該株主名簿の開示を命ずる職務執行令状の発行を求めた訴訟におい

て、裁判所は「社会的・政治的関心にのみ動機付けられた帳簿・記録等閲覧請求には正当目的が認められない」として、Xの請求を棄却した（State ex rel. Pilsbury v. Honeywell, Inc. 191 N. W. 2d 406（Minn. 1971））。本判決に対しては閲覧により意図される株主名簿の利用目的（「取締役選任という目的のためにその他の株主と連絡を取ること」）と原告の行動に関する動機（閲覧請求動機）とを混同したものである旨の強い批判がなされた（Blumberg, 1973: 1046）。つまり、戦争反対という社会的・政治的信念に動機付けられた株主名簿閲覧請求であっても、知得情報の用途（名簿の利用目的）が、デラウェア州会社法（Y会社設立準拠法）所定の株主権の範囲内であれば、株主権行使（名簿閲覧請求）はむしろ認められるのである[7]。

5. おわりに

　最大の問題は、叙上のごとく、現実には株式会社大企業が半ば社会的・公共的性格を有する存在になっているにもかかわらず、それに対する会社法上の法的コントロールシステムは依然として、私的所有の枠組の中でしか捉えられていないということである（新山、1995a: 179; 1995b: 32-33）。その結果、いわゆる会社の利害関係人として、従業員、債権者、顧客・消費者、地域社会等々の社会各層の利益を考慮するシステムが、近代以降の私的所有権法理（私的コントロール＝セルフコントロールすなわち私的所有枠組内での法的コントロールシステム）から排除されてしまう。

　しかしながら、この矛盾は、近代的私的所有権法理を前提とする限り、当然発生する矛盾ともいえよう。それでもなお、近代私的所有権法理に替わる新しい法理を定立できない以上、「私的所有システムそのものを、あるいはまた株式＝社員権をキーストーンとして法的構成されている、現行コントロールそのものを全否定してしまうことは、認識論としても実践論としても決して肯定できるものではない」（新山、1995a: 179-180）。それゆえ、まず考えるべきことは、現行会社法システム内在的に、かかる矛盾点の解消を図る解釈上の理論を探究することであろう。この視点からすれば、「企業の社会的責任論」は、か

かる矛盾の解決に際しての現行会社法規定の解釈・運用における実質的根拠・理由付けとしての理論たりうるものと考える。

　本章において、現代的「企業の社会的責任論（CSR）」が会社法学上いかなる機能を有するかについて、従来の会社法学内在的議論状況を略述した上で、株主権に関する現行会社法規定の弾力的解釈・運用に関して、CSR は株主権濫用・信義則法理を制限する機能（権利濫用・信義則違反該当性排除機能）を有する旨を主張した。その際、①株式の本質については社員権説、②株式会社の主権者については株主（shareholder）主権論、③株式会社をめぐる利害調整原則としては株主利益最大化原則を自明の前提とした。しかしながら、比較法研究を含む、④かかる前提自体の再検討および、⑤企業の社会的責任論（CSR）とコーポレート・ガバナンス論（CG）との交錯についての検討は、残された今後の課題である。加えて、私見の具体的内容およびその根拠付けとより精緻な理論化の脆弱性を克服する必要を自覚しており、今後継続的に考察を進める予定である。

注

1)　2002 年 7 月、欧州委員会「企業の社会的責任―持続可能な発展に寄与するビジネスに関する意見表明」につき、秋山をね・大崎貞和・神作裕之・野村修也（2004）「［座談会］いまなぜ CSR なのか」『法律時報』76 巻 12 号、5 参照。なお、2004 年 7 月欧州多数利害関係者フォーラムによる「最終結論および勧告」につき、岡本享二（2004）『CSR 入門』日本経済新聞社、83 によれば、「CSR とは企業が社会問題と環境問題を『従来の財務問題と同じように』企業の責務として利害関係者とのやり取りのなかに自主的に組み込むこと」と定義されている。

2)　小林直樹（1992a）「企業の『公共性』論（上）」『ジュリスト』1011 号、52 は「商法に置くかどうかは別にして、民法 1 条の信義則等の規定と照応する、企業の社会的責任条項は、現代の市民的公共性の要請に適合するのみならず、民法の規定と同じく有用な効果を生ずると考えられる」と述べ、さらに同（1992b）「企業の『公共性』論（下）」『ジュリスト』1012 号、55 において、「企業はその公共性にかんがみ、様々な国家的統制の下に置かれている」として①善良な風俗や公衆衛生を維持するための行政的規律、②国の独占事業からの私企業の排除、公共的事業への監督統制、③独占禁止法による私的独占や不公正取引等の禁止、④商法を中心とする企業の組織・活動に対する内在的規制、⑤経済政策・社会政策の実施のための諸立法による統制、⑥労働立法による労使関係の規制、⑦環境立法

による制約、等を例示して、「私的自治の原則の保障も、今日では国家の諸政策と諸立法により、大幅に枠づけられているのである。企業はその分だけ、公的関係に包摂されていることになる」と指摘する。
3) 平成17年改正前商法266条1項5号は取締役の対会社責任原因として「法令」・定款違反を規定しており、「法令」の意義については最判平成12年7月7日民集54巻6号1767が（改正前）商法254条3項（会社330条）、（改正前）商法254条ノ3およびこれを具体化する形で取締役がその職務遂行に際して遵守すべき義務に関する個別規定のほか、さらに、「商法その他の法令中の、会社を名宛人とし、会社がその業務を行うに際して遵守すべきすべての規定もこれに含まれると解するのが相当」であると判示した。いわゆる非限定説の採用であるが、この判例法理が会社法施行後の会社法423条1項の解釈上も通用するものと解される（畠田公明（2006）『会社法判例百選』、120）。
4) 中村一彦（1994）「企業の社会的責任と会社法─取締役の社会的責任を中心に」『判例タイムズ』839号、150-152は、現行会社法の解釈論として、取締役の社会的責任を認めることは可能であるとし、その根拠を旧商法254条ノ3（会355条）に求める。
5) いうまでもなく、会社と取締役との関係は委任であり（会330条、民644条）、受任者たる取締役が善管注意義務を負うのは会社ないしは株主に対してであり、忠実義務（会355条）は善管注意義務をより明確化したものであるとの同質説（通説）によれば、多元的利害関係人の諸利益への配慮は、法令・定款および株主総会決議の遵守を通して担保されることになろう。
6) 本文における「株主の利益最大化」の原則の含意・法的効果・実質的理由につき、江頭憲治郎（2009）『株式会社法第3版』有斐閣、20-21、注（3）より抜粋ないし要約した。
7) 本判決に対する主たる批判は、次の通りである。「第1に、本件裁判所は、株主の『閲覧請求動機』と『知得情報の用途』とを区別することなく、『社会的・政治的関心』にのみ動機付けられた帳簿・記録閲覧請求には、『正当目的』が認められないと判示した。しかしながら、株主名簿の閲覧請求に関する限り、Xは、『取締役選任という目的のためにその他の株主と連絡をとる』旨を主張しており、それは、デラウェア州法に基づく限り、閲覧請求権行使のための『正当目的』に当たる。本判決は、『閲覧により意図される株主名簿の利用（知得情報の用途）』と『原告の行動に関する動機（閲覧請求動機）』とを混同したものである、との指摘がある。第2に、本件裁判所は、株主名簿の閲覧請求において、『取締役選任は通常正当目的であるが、本件において当該目的は、X又はYの経済的利害に密接に関連しなかった』と判示した。『その者の株主としての利害関係』を、『経済的利害』に限定したことには異論がある。概して、株主は、経済的利得実現のために株式を購入し、会社は、利潤極大化に向けて営業する義務を負う。しかしながら、裁判所は、会社の社会的責任（慈善事業への寄付・利潤獲得以外の理由からなされる諸活動）を肯定してきており、このような場合株主は、利潤獲得以外の諸活動に関する政策決定にも参画すべきである。それ

故、本件裁判所は、『経済的利害』という概念によるのではなく、本件の論点が株主の行為（shareholder action）に適合するか否かを検討すべきであった、との指摘がある。第3に、Xは、間接的に経済的関心を主張しなかったと断言しえるのか、疑問である。Xは部分的に、彼自身の考えに適合する取締役の選任によって、Yの財務政策を変更しようとしたからである。第4に、本件裁判所は、Xが僅か1株式の所有者であることにも注意を払った（Xの受益者持分（beneficial interest）は効力を有しなかった）。しかしながら、閲覧権行使に関する持株要件が制定法上存在しない以上、Xの所有する1株式は、閲覧資格を立証するのに十分であると解されよう」（米山、1992: 222-223）。

参照文献

秋山をね・大崎貞和・神作裕之・野村修也（2004）「［座談会］いまなぜCSRなのか」『法律時報』76（12）、4-26.
Blumberg, Ph. I. (1973) The Public's "Right to Know": Disclosure in the Major American Corporation, 28Bus. Law. 1025-1046.
江頭憲治郎（2009）『株式会社法第3版』有斐閣.
傅穹（2009）「激動の経済下における企業の社会的責任」『文化共生学研究』、7、105-108.
小林直樹（1992a）「企業の『公共性』論（上）」『ジュリスト』1011、45-55.
小林直樹（1992b）「企業の『公共性』論（下）」『ジュリスト』1012、45-55.
松田二郎（1988）『会社の社会的責任』商事法務研究会.
森田章（1979）「取締役会制度と企業の社会的責任―米国の議論から何を学ぶか―」『商事法務』851、23-27.
中村一彦（1980）『企業の社会的責任』同文館.
中村美紀子（1994）「企業の社会的責任論の現在―アメリカ法を中心として」『岡山大学法学会雑誌』44（2）、47-69.
新山雄三（1993）『株式会社法の立法と解釈』日本評論社.
新山雄三（1995a）「『コーポレート・ガヴァナンス』論の意義と機能に関する覚書―学問の成果の確認と活用のために―」『岡山大学法学会雑誌』44（3・4）、143-180.
新山雄三（1995b）「企業の社会的責任と株式会社法・再論」田中誠二先生追悼論文集『企業の社会的役割と商事法』経済法令研究会、27-42.
西原寛一（1974）「今後の商法改正の諸問題について」『第29回全国株懇連合会定時会員総会報告書』116.
奥島孝康（1994）「従業員の経営参加」『ジュリスト』1050、125-129.
奥島孝康（2007）「サステナビリティ会社法序説―CGとCSRの交錯と共働―」奥島孝康監修・著『企業の統治と社会的責任』金融財政事情研究会、3-38.
大隅健一郎（1992）『商事法研究（上）』有斐閣.

鈴木竹雄・大隅健一郎（1975）「私の会社法改正意見」『ジュリスト』578.
三枝一雄（1992）「企業の社会的責任と企業意思の決定」『自由と正義』43（1）、53-60.
末永敏和（1997）「企業の社会的責任」龍田節先生還暦記念論文集『企業の健全性確保と取締役の責任』有斐閣、140-164.
鈴木竹雄（1971）『商法研究 III』有斐閣.
鈴木竹雄（1975）「歴史はくり返す」『ジュリスト』578、10-11.
竹内昭夫（1984）「企業の社会的責任に関する一般規定の是非」『会社法の理論 I』有斐閣、107-133.
田中誠二（1974）「株式会社の社会的責任についての商法上の立法論的考察」『亜細亜法学』9（2）、5-19.
田中誠二（1992）『企業の社会的役割重視の商事法学』千倉書房.
米山毅一郎（1992）「アメリカ法における株主の株主名簿閲覧請求権」『法学雑誌』38（2）、180-229.
米山毅一郎（1996）「株主の株主名簿閲覧謄写請求に関する一考察」小室金之助教授還暦記念論文集『現代企業法の諸問題』成文堂、129-158.

第 2 部

経済 ― 競争と協力 ―

第5章　中国企業の福利厚生制度の実態に関する研究
―中国東北部・企業へのインタビュー調査を中心にして―

松田陽一

1. はじめに

(1) 問題関心

　本章は、中国における企業の福利厚生（Welfare, Employee Benefit）制度について、主に文献・資料の渉猟調査と中国東北部の企業へのインタビュー調査とに基づいてその実態を明らかにすることが目的である。

　福利厚生制度は、わが国における企業の人的資源管理（Human Resource Management）において、明治時代の中期以降より企業経営における基礎的な部分に位置し、その実務においても歴史的に重要な役割を果たしてきている[1]。具体的には、人材の確保や定着、労使関係の円滑化、社会保障の代替機能、および専門部署（人事部、労務部）の形成に重要な役割を果たしてきている。また、企業は、従業員（の家族や家庭生活を含む）へ、一律的に、公平的に施策を提供することによって、作業能率向上、定着率向上、および経営環境変化への適応を図ってきたのである。これらについては、欧米の企業においても大きな差異はない。しかし、これらの様相が、今日、大きく変化しつつある。この点について、松田（2003a・b）では、従業員の「丸抱え」から「自立・自律への支援」への企業パラダイムの変化、と指摘した。

　この変化が、1978年12月の「工作重心転換決議」、いわゆる改革開放の開始後、経済発展の目覚ましい中国の企業において、今日、福利厚生制度にも同様に見いだされるのかについては、研究者はもとより実務家も含めて大きな関心が寄せられている。

（2） 研究の課題

　本研究の課題は、中国における企業の福利厚生制度の実態について、その今日的な様相を明らかにすることである。具体的には、企業が行う施策の内容、およびその現実的な様相について、諸調査によって明らかにすることである。

（3） 研究の対象と方法

　本研究の対象は、中国における企業の福利厚生制度である。具体的には、企業が福利厚生制度に関して行う施策が対象となる。

　本研究の方法は、定量・定性的方法を併用する。また、本研究では、上述の課題を明らかにするために調査を行っている。具体的には、文献・資料の渉猟調査、および中国東北部・企業へのインタビュー調査である。特に後者では、改革開放後の変化を明らかにするという視点に基づいて国有企業から民営化した企業、および松田（2003a）が指摘しているわが国における（企業規模等による）企業間格差の視点に基づいて、小企業と大企業を対象とした。

　企業の福利厚生制度は、国において企業の業種・規模・形態、その形成過程、および法的な環境の差異に影響を受ける。しかし、今日、中国東北部・企業についても、多くの外資・日系企業以外にも自主導入が進んでおり、わが国において見受けられる、例えば、従業員の生活支援、フレックス勤務制度、諸カウンセリング等の施策が導入されつつある[2]。

（4） 福利厚生制度の定義

　本研究における福利厚生制度の定義は、「企業が、従業員およびその家族を対象に、経済的・社会的状態や生活の改善を図ることで、労働力の確保や維持、労働能率の向上、労使関係の安定を促進するために、任意に、あるいは労働協約や法律の規制によって費用などを負担して実施する金銭、現物、施設、およびサービス給付を含む施策あるいは活動」[3]である。

　また、企業が福利厚生制度に関して実施している施策は、従業員の仕事生活や職場での健康・衛生の維持に関わる施策から職場を離れた本人と彼・彼女らの家族や家庭生活までを対象としており、非常に広範囲にわたっている。

2. 中国における企業の福利厚生制度

(1) 福利厚生制度の発展

　中国における企業の福利厚生制度は、1978年の改革開放前の国有企業における内容とその後の内容とでは異なっている。特に社会保障について、張（2001）は、中国では1978年から養老保険制度（年金）がスタートし、その後、医療保険制度、失業保険制度、生育保険制度（出産・育児）、および労災保険制度が法施行され、企業の福利厚生制度に組み込まれたことを指摘している[4]。

　また、田多編（2004）は、1990年代後半以降の社会保障制度改革における特徴について、①失業保険制度と公的扶助制度の創設、②社会保険制度の保険料負担における3者（個人企業、個人、国有企業、国）負担構造への変化（改革開放前は、単位・企業が全額負担）、③社会の安定装置としての体系構築、を指摘している[5]。

　同様に、岩田他（2007）は、改革開放前には国有企業が中心となって従業員へ福利厚生を提供しており、具体的には、住宅の提供、医療の保障、年金の支給等のように多様な施策が提供されていたことを指摘している。しかし、改革開放後は、これが大きな経済的負担となり、国有企業はそれを軽減するために、例えば、従業員への住宅の売却、あるいは失業保険・養老（年金）保険・医療保険等の公的機関による保障化を進めたことを指摘している[6]。

　以上を要約すれば、改革開放後、国家・国有企業の費用負担による保障制度から、法施行による国家（公的機関）・企業・個人の負担への転換が生じ、それが問題になっているということである[7]。

　このような点について、吹野（2002）は、広東省の国有企業の事例調査を通して、改革開放の前後における変化を指摘している。それによれば、中国の国有企業は、計画経済下での生産単位と従業員の生活を終身的に支えていく生活単位としての役割があり、失業なき社会の前提のもとに従業員とその家族に医療・教育・住宅・年金といった行政サービスを提供していた。よって、国有企業は、企業内に病院、学校、幼稚園、低家賃の社宅、食堂、商店を備えていた。さらに、従業員は身分を保障されて解雇されることはなく、賃金も貢献度

とは関係なく格差のないものであり、退職後も社宅が与えられ、企業から生活費が支給されていた。しかし、1978年から始まる改革開放政策のもとでは非効率性が問題になり、そこにおいて福利厚生費の負担が大きな赤字要因の1つになっていた[8]。つまり、国有企業時代の従業員への豊富な施策の提供が、改革開放後には大きな経済的負担となり、企業はそれに対応するために、①所有の社宅の従業員への販売、所有の保育園・学校・病院の公的機関への譲渡・移管、②従業員食堂・売店・商店の運営に関する独立企業の設立と委託、③医療費の従業員の一部負担、④年金などの公的機関による社会保障化の進展を行ったことを指摘している[9]。

また、福利厚生費の負担についても1990年代に、社宅の販売制度、医療費の利用者一部負担、地方政府による養老年金制度の開始などを通じて解決を志向してきたが、抜本的な解決には至っていなかった。これらの解決なしには、国有企業は民間企業や合弁企業と同じ土俵の上で競争力をもつことは不可能であり、2000年以降は、福利厚生部門の企業からの分離も進行している[10]。

これら以外にも改革解放以降についての企業事例調査があるが、同様な様相が報告されている[11]。

これらからみると、中国の企業は、先進国へのキャッチアップから新しい競争（対国内企業、グローバル化）局面に直面しつつあるが、企業活動を円滑に進めるために、「人」をそれに協調させるために福利厚生制度などの基礎的な部分をさらに再設計しなければならない状況にあるといえる。

（2）福利厚生制度の施策の内容

松田（2003a）によれば、わが国の企業が福利厚生制度で行う施策には、法律に基づくものと企業が任意に行うものとがある。また、今日では、「従業員に一律、公平」から「選択自由度を拡大した」新しい考え方として、カフェテリア・プラン（Cafeteria Plan）が登場し、徐々に普及しつつある。一方、中国における企業の福利厚生制度の施策も、わが国の企業のそれと大きな差異はない[12]。また、今日では、人材の確保・定着、従業員のモチベーション向上の観点から、これを充実させる企業が増えている[13]。

以下では、主に2006年1月に発表された「2005年中国企業福利厚生現状調査」(2006)（以下、「05中国調査」と略称する）[14]に基づいて、施策実施の様相について提示する。なお、以下文章中のカッコ内の数値は、05中国調査で提示されている回答企業の実施率を示している。

1）法定福利[15]

　施策の実施率の高い順に、養老保険（年金：95.6%）、医療保険（89.1%）、労働災害保険（83.5%）、失業保険（83.0%）である。これら以外にも、生育保険（出産育児保険に相当）、住宅積立金、他の法定保険制度、および企業によっては工会費をも負担している。

2）法定外福利[16]

　わが国の場合、多様な施策があり、またその一部あるいは全部を外部にアウトソーシング（Outsourcing：外部委託）する企業も増えてきている[17]。中国の場合、金銭性（現金的な供与）・実物性（施設利用等への援助）・服務性（サービス提供）厚生に大別して行っている企業が多い。

① 金銭性福利厚生

　施策で実施率の高い順に、交通費補助（81.3%）、通信費補助（77.2%）、食費補助（57.3%）、冷暖房補助費（46.4%）である。これら以外にも、障害保険、自動車購入補助、健康診断・医療補助、住宅補助、服装補助、年金補助、生命保険補助等の施策がある。

② 実物性福利厚生

　施策で実施率の高い順に、文化・スポーツ施設の設置（50.2%）、（無料）食事提供（49.8%）、（無料）単身寮の設置（38.6%）である。

③ 服務性福利厚生

　施策で実施率の高い順に、無料健康診断（65.5%）、保護型サービス（平等就業・プライバシー権保護）（27.4%）、医療費補助（16.0%）、相談（メンタル、法律等）サービス（11.2%）である。

3）福利厚生費[18]

① 福利厚生費の金額

　企業が、従業員（1人・年）に負担している福利厚生費の金額について

は次の通りである。「1,001〜3,000元」（44.9％）が多く、「1,000元以下」（24.5％）、「3,001〜5,000元」（16.2％）である。1万元以上を負担している企業も7.8％ある。なお、日本経団連（2009）の2007年度の調査（以下、「07日経連調査」と略称する）によれば、わが国の場合、従業員1人1か月当り、10万3,934円である。

② 対給与比率

企業が負担する従業員の福利厚生費が、給与に対してどの程度の数値になるのかについて調査した結果は次の通りである。「福利厚生費は、給与に対して6〜10％」（35.7％）が多く、ついで「同5％以下」（31.3％）、「同11〜15％」（16.8％）である[19]。07日経連調査の結果と比較すると、日本の企業と同水準およびそれより高い水準にある企業の率は16.3％である。

③ 法定福利と法定外福利の対比

法定福利費と法定外福利費を対比した結果は、「法定：法定外」が「1：0.2」以下が32.5％で多く、次に「1：0.4」（25.7％）、「1：0.6」（18.2％）である。07日経連調査によれば、平均値で「73：27＝1：0.385」である。05中国調査によれば、「1：1」は7.3％である。また、それ以上の（法定外福利厚生費が法定福利費を上回る）企業は12.6％である。

4）福利厚生に関する検討要因

企業が、福利厚生制度において検討を要している要因は、次の通りである。「費用負担」（73.8％）が多く、次に「従業員のモチベーション向上」（71.1％）、「法的な要請」（54.4％）、「他の企業と同水準」（35.4％）である。

5）従業員のモチベーション向上

① 施策とモチベーション向上

どのような施策が従業員のモチベーション向上に影響を与えているのかについての結果は次の通りである。「金銭性福利厚生」（72.3％）が多く、次に「機会性福利（研修など）」（58.7％）、「実物性福利」（40.3％）である。これ以外に、「服務性福利」（38.4％）、「法定性福利」（38.1％）がある。

② 従業員の定着とモチベーション向上への効果

福利厚生制度は、従業員の定着とモチベーション向上への効果があるの

かという問いに対して、「少し効果がある（26.0%）」および「非常に効果がある」（3.9%）と回答した企業は約3割ある。多いのは「普通（どちらでもない）」（51.7%）である。

（3）中国における今日的な様相

以上に基づいて考察すると、以下のことを指摘することができる。

第1に、福利厚生費の負担が増加していることである。改革開放前は、国家と国有企業が丸抱え的に負担していた。しかしそれ以降は、法施行によって3者負担になり、企業には大きな経済負担になっている。ただし、日本のように大半の企業にこの制度が普及しているとはいいがたく、今後普及が進むにつれて、さらに大きな課題になると考えられる[20]。

第2に、企業は、福利厚生について大きな役割や効果を認めていることである。特に人材の確保・定着や従業員のモチベーション向上に役割を認め、それに関する施策を行っている[21]。ただし、従業員の自律化への支援は、わが国ほど進んではいない。さらに管理職と一般職に対する提供内容の差異の解消、および家族まで念頭においた制度設計は進んでいない[22]。

第3に、企業が提供する施策の内容に格差があること、および、それが地域によっても大きな差異があることである[23]。施策については改革開放の前後で変化しているが、これは負担者の主体の変化（2者から3者）、日系・外資系企業の影響によるところが大きい。なお、施策についてアウトソーシングをしている企業は少ない。

以上をみると、中国の企業においては、新たな企業競争の局面に入り、従来の単なる量的な成長から質的な成長が求められるように変化しつつある。したがって、企業経営の人的資源管理においても質的な向上が求められ、離職の防止や定着の推進から従業員のモチベーション向上や自己啓発に変化しつつある。つまりわが国と同様に、中国においても企業の福利厚生制度は「丸抱え」から「自律への支援」というパラダイムの変化に直面しつつあると指摘できる。

次ではこれらの今日的な実態の様相について、前身の国有企業から民営化した小企業と大企業におけるインタビュー調査の結果を提示する。

3. インタビュー調査の結果

(1) 調査の実施概要

このインタビュー調査の実施概要は、末尾の表5-1の通りである。また、松田（2003a・b）が指摘したように、わが国では施策の提供内容に企業間格差があるという視点から、調査においては各1社ではあるが、小企業と大企業を対象とした。さらに、両社とも以前は国有企業であり、それから民営化した企業である。なお、企業名については匿名を指示されたので、アルファベット表記に変えている。

(2) 質問項目

質問項目は、松田（2004a・b・c）、松田他（2009）、および前節の内容を踏まえて作成した。事前に于楠吉林大学商学院助教授に中国語訳をしていただいた質問票をインタビュー先に送信し、当日、それに基づいてこのインタビュー調査を行った。

(3) A社の内容

A社の創立は1985年、本社は長春市、従業員数は158名、主な事業は通信会社などに対して通信工程の企画・設計を行うことである。売上高は8,000万元（2008年）である。もともと国有企業であった企業が分社化し、民営化したものであり、若年社員の多い小企業である。

1) 主な施策[24]

A社の福利厚生制度の具体的な施策には、法定福利以外に「住宅手当、家賃補助」「従業員持株制度」「文化・体育・レクリエーション活動支援」「余暇施設（契約型：保養所、運動施設）」「公的資格取得支援・通信教育支援」がある。

2) 福利厚生の役割[25]

A社に、福利厚生の果たしている役割の程度について、5点尺度（5点「役割を果たしている」から1点「まったく役割を果たしていない」）で尋ねた結

果が以下の通りである。

　平均値は、3.4である。それほど高くはない。5点を回答した項目はなく、4点が12項目、3点が9項目、2点が3項目ある。

　4点の主な項目には、「従業員の定着度向上」「従業員の転職（離職）の低下」「職場でのコミュニケーションの向上」「社会保障の補完」「優秀な従業員の採用（新卒、中途）」「従業員の自己啓発・キャリア開発への支援」等がある。

3）効果とモチベーション向上への役割

　A社は、保障による安定的に仕事のできる効果や役割を指摘している。

> 福利厚生制度とは、従業員にとって保障を与え、安定的な仕事できることだと思います。今、中国の福利厚生は範囲が広く、レベルが低いというのが現状だと思います。

　ただし、A社は、上述の役割はあるが、モチベーション向上に果たす役割はそれほど強くはないことを指摘している。また、若年の従業員は、年金等よりも賃金に関心があることを指摘している（調査票の「モチベーションの向上・維持」は3点である）。

> モチベーション向上の役割を果たしているとは思いますが、強いとはいえません。それは先ほどいったように、まだまだ福利厚生施策の提供レベルが低いからです。わが国は去年に「労働契約法」が施行されました。その前には、従業員に（社会）保険を提供しない企業が大半でした。国家主席は「調和社会」を提唱しています。それは、福利厚生を普及するための法律の制定および施行によって、経済面からそれが実現すれば、政治を支えることができるという考え方があるからです。…その一方で、当社の従業員は20歳代が多いので、彼・彼女らは、医療とか定年後の年金とかにはそれほど関心を持っていません。しかし、賃金には非常に関心があります。つまり、福利厚生の内容を手厚くしても、給料が低くければ企業業績は向上しません。

4）施策の重点分野

　A社は、従業員の年齢構成からみて、旅行、食事会、スポーツの分野に重点を置くことを考えている。また、管理職層には、自己啓発、キャリア開発等

への支援を考えている。これらは、従業員の定着を考慮しているためである。

> 当社では、従業員の年齢構成を考えて、福利厚生は主に社員旅行、食事会、スポーツ行事に集中するようにしました。例えば、社内スポーツサークルを作ったり、一緒に食事会を行ったりしています。毎年、一人当り5,000元ぐらい使いますが、それは現金ではなく、スポーツクラブのサービス券支給という形でやっています。これら以外に、自己啓発あるいはキャリア開発への支援は管理職の従業員だけに提供しています。例えば、入社5年以上の管理職がそうです。他には、例えば条件に合う大卒の従業員であれば、働きながら大学院に通学することが可能です。授業料を当社が負担することもしています。

5） 現状の課題とモチベーション向上の課題

A社は、提供する施策の少ないこと、および特に法制度の改定による保険料の費用負担が増えたことを課題として指摘している。

> 当社の福利厚生の施策は、その数が少ないというのが課題だとは思いますが、大きな課題ではありません。それよりも、昨年施行された法律通りに、厳格にそれを実施すれば、大部分の企業にとっては、保険料の高さが課題になると思います。なぜならば、同法の施行前には、企業はそれほどの保険料を負担しないで済んだからです。例えば以前は、2人を雇用できました。ところが、施行後には、新たな保険料を支払わなければなりませんから、1人しか雇用できないようになりました。つまり、新たな保険料の企業負担によって、費用が高くなりました。よって、企業は、雇用者の数を減らさざるを得なくなります。結局、雇用にはマイナスの影響を与えていると思います。

また、A社は、福利厚生とモチベーションの維持・向上との関連をそれほど強くは考えていない。むしろ賃金や昇進機会であることを指摘している。

> 中国の企業に勤務している多くの従業員にとって、また当社の従業員にとってもそうですが、モチベーション向上につながるのは福利厚生ではなく、賃金、ボーナスや昇進機会です。もちろんこれは大卒の従業員、換言すれば、昇進することが可能な従業員のみが対象です。(中略) 企業の中で、昇進可能性がある従業員にとっては、賃金や昇進機会がモチベーション向上につながるということが中国の現状ではないかと思います。

6) 5・10年前との比較における変化

A社は、(改革開放前の) 国有企業時代の国による「丸抱え (企業が面倒をみる)」からの変化を指摘している。具体的には、民営化による福利厚生の内容の低下、社会保障部分の公的機関への委託である。

> 中国の大部分の企業には、ほぼ同じ問題、つまり体制 (国有から民営) 変革という問題があります。当社の場合は、10年前、5年前と今の体制はかなり違います。20年前には当社は国有企業でした。従業員は公務員のようなものです。この体制のもとで、医療、年金などすべての福利厚生は制限されずに国が提供していましたから、福利厚生は問題にはならなかったのではないかと思います。しかし、今は民営化されていますので、企業は利潤を追求する主体になりました。利潤を考え、費用も考えなければなりません。よって、従業員の福利厚生の内容は以前より低下したのではないかと思います。以前は、従業員の生活すべて、および彼・彼女らの子供の問題まで国有のもとに企業が世話をしていました。今、企業は、利益を追求する主体になったために、従業員の福利厚生の社会保障部分については、公的機関 (社会) に任せるようになりました。

7) 変化の理由

A社は、国の変革 (法的な制度面等) を指摘している。また、福利厚生施策の提供水準の低下がある一方で、賃金の上昇を指摘している。

> 変化の理由は、国が大きな変革をしているということです。今は『国退民進』、いわば国有企業は、競争の激しい産業から撤退し、民営化させる、あるいは民営企業に参加させるということです。民営化すると、費用負担を考えなければなりません。よって、福利厚生の水準は下がったといえます。しかし、賃金は大幅に上がりました。

8) 今後の課題

A社は、福利厚生における多様化 (施策) と規範化 (国等の法的な制度面の充実等) を課題として指摘している。特に後者について、国の制度が不十分で、従業員の帰属心や安心できる仕事環境の提供に際して、企業の費用負担が増えていることを指摘している。

今、当社を含め、大半の中国における企業の課題は、やはり福利厚生制度の多様化および規範化の問題です。例えば、以前はそれほど検討せずに、ある施策などに5,000元を使っていましたが、この5,000元を別の施策に使えば、従業員はもっと喜ぶかもしれません。むろん、会社も、従業員の異なる要求には、異なる制度・施策を提供しようと思っています。実際、20歳代、30歳代、40歳代の従業員についてみると、それぞれの要求が異なっています。具体的に、20歳代は賃金、30歳代は仕事の内容、40歳代は福利厚生や家庭のことになります。でも現実に、そこまではまだ対応できていません。

　福利厚生はやはり国がやるべきだと思います。今、労働法の最大の問題は、国や政府がすべきことを企業にお金を出させてやらせているということです。医療保険を例として考えると、企業と個人が一部分を負担していますが、それでは国は負担しているのかどうか誰もわかりません。医療は国民の受けることのできる待遇だと思います。（中略）しかし、中国は今、この最低限の医療も保障していないのが現実です。よって、従業員に企業への帰属心、あるいは心配する必要はないと感じさせることが、今の課題だと思います。…公的機関（社会）は十分に保障できませんから、代わりに企業がいろいろと保障をしています。これが、今の中国企業の（福利厚生）の役割です。当社は経済的な負担をしています。これから考えると、従業員の定着には効果があると思います。

9）今後の充実分野

A社は、技術力向上のための人材育成を指摘している。

　当社は、ハイテク産業に属し、発展のスピードは非常に速いです。よって、さらに力を入れたいのは社員の技術力を高めるための人材育成ということです。

10）今後の廃止・縮小分野

A社は、施策の今後の廃止・縮小については考慮していないと指摘している。

　当社は、法律遵守企業として施策を減らすことは考えていません。法律適用外の施策もありますが、それは従業員に帰属心を持ってもらうためです。教育・訓練などは、従業員がもっと企業に貢献できるようにするためです。よって、施策は減らすことなく、逆に増やすべきだと考えています。

11) 丸抱えから自立・自律支援

A社は、この方向性（傾向）については支持し、さらに強くなることを指摘している。また、人材流動性の高い状況では、従業員の仕事・家庭生活への支援は以前より低下することを指摘している。

> 実は、1997年以前、中国の大部分の企業は従業員の誰に対しても同じ福利厚生を用意していました。なぜ、1997年以前かというと、1997年の経済危機に当時の国家は国有企業の革新を促進するために、大きな革新を起こしたからです。その後の方向性は、やはり従業員の仕事のための支援です。ただし、家庭生活については、以前ほど考えていないようにも思えます。（質問の）傾向は明らかです。多分、これから、企業の大半は、このような傾向になるかもしれません。今、中国の企業における人材流動性は非常に高いです。当社は、低いのですが、特に近年はその流動性がどんどん高まっています。それに伴って、企業は以前のように従業員の仕事・家庭生活に対して、すべてをカバーすることが減ってきたと思います。

12) その他

A社は、カフェテリア・プランの導入については、消極的である。むしろ、選択幅を今より拡大させない方向を考えている。その理由として、メニューを増やし、選択幅を与えても現状では利用できる時間が少ないこと、金銭の方がお互いにメリットがあることを指摘している。また、自己啓発施策については、重視する方向と資格取得後に対する（金銭による）評価方法の重要性を指摘している。

（4） B社の内容

B社の創立は1999年、本社は長春市、従業員数は約3,000名（正社員）、主な事業は携帯電話サービスである。売上高は80億元（2008年）である。A社と同様に国有企業が民営化した大企業である。

1) 主な施策

B社の福利厚生制度の具体的な施策には、法定福利以外に、「持家支援の社内融資制度」「個人負担の人間ドックへの会社補助」「メンタルヘルス」「死亡退職金・弔慰金制度」「文化・体育・レクリエーション活動支援」「ライフプラ

ンニング講座」「公的資格取得支援・通信教育支援」「社員食堂等の給食施設」「年1回以上の長期休暇制度（連続1週間以上、夏季休暇や年末・年始休暇を含む）」がある。

2）福利厚生の役割

B社に、福利厚生の果たしている役割の程度について、5点尺度（A社と同様）で尋ねた結果が以下の通りである。

B社は全般的に得点が高く、3点以下がない。平均値は4.8であり、非常に高い。5点が18項目、4点が6項目ある。

5点の主な項目には、「従業員の定着度向上」「仕事モチベーションの維持」「職場での生産性の向上」「職場でのコミュニケーションの向上」「優秀な人材の流出防止」「優秀な従業員の採用（新卒、中途）」「従業員の自己啓発・キャリア開発への支援」「職場での一体感の醸成」等がある。

3）効果とモチベーション向上への役割

B社は、従業員の退職後の安心や定着率の向上に大きな効果があると指摘している。

> 今、企業の業績が良いので、国家から課されている以上に手厚い施策を行っています。例えば、保険、年金は国（法定）以上です。退職後の安心や従業員の定着率の向上に大きな効果を果たしていると思います。

また、B社は、従業員のモチベーション向上には役割を果たしていることを指摘している。また、その提供する施策の内容が職位によって異なることがさらにその役割強化していることを指摘している。

> モチベーションの向上には、役割を果たしていると思います。保険、有給休暇、年金、安心感と生涯補償については、特にそうです。また、この補償などは職位によって違います。頑張って上位の職位に就けばもっと待遇が良くなりますから、それもモチベーション向上に影響を与えていると思います。

4）施策の重点分野

B社は、教育訓練、個人の能力開発分野であることを指摘している。

教育訓練です。賃金の何％程度までという形で重視しています。個人の能力開発が重要です。その理由は、企業業績を上げるためには、従業員の能力開発が重要だからです。それは、企業が一方的に行ってもダメです。部署や個人の要求に基づいて、この人事部門がやっています。ある程度、自由に選べるようになっています。

5) 現状の課題とモチベーション向上の課題

B社は、従業員のニーズの多様化に対する施策満足度の向上を指摘している。

　　従業員の要求が多様化し、会社はその変化に対して対応し、多様化したニーズに対して満足させることです。

しかし、B社は、その施策を利用する時間の少ないことを指摘している。

　　従業員の自由時間が少ないこと、あるいはフレキシビリティが少なく、施策を利用することができません。自己啓発しようと思ってもする時間がありません。今後は、従業員の努力もありますが、能力によっても時間を与えることができるようにしたいと思います。

6) 5・10年前との比較における変化

B社は、国の指導による大きな変化（費用増）を指摘している。

　　国の指導による変化が大きいと思います。特に法定福利に対して、費用がかかるようになりました。

7) 変化の理由

B社は、国の指導を指摘している。また、同時に施策内容の変化と賃金増加を指摘している。

　　国の指導により、全般的に従来以上に福利厚生については、費用が増加していますが、施策内容のレベルは低下していると思います。その一方で、従業員の生活レベルも上がっています。賃金と生活費を含んだ費用は上がっていますし、賃金も高くなっています。

8）今後の課題

B社は、生活の保障（安心感）と能力開発の2つを指摘している。また、企業の発展には、安心感とモチベーション向上・維持が重要であることを指摘している。

> 生活保障と能力開発の2つです。安心感がまず第1です。従業員が時間を保証され、確保できれば、自己啓発や休暇取得も進むと思います。企業の発展には、安心感とモチベーション向上やその維持が重要であることは、管理者であれば全員、そう思っています。

9）今後の充実分野

B社は、利用度を上げるために、仕事のあり方（長時間労働）についての改善を考慮し、金銭補助、休暇取得の推進、自己啓発支援を指摘している。

> 楽しく、満足して働いてもらうことが重要です。制度だけがあってもダメです。今、従業員は利用したくても時間がないために利用できません。今後は、時間を取れるようにして、金銭面での補助、休暇取得、自己啓発の支援等を充実させていきたいと考えています。

10）今後の廃止・縮小分野

B社は、住宅関連施策の縮小を指摘している。これは、国が保障制度を構築しつつあるからである。担当者は次のように述べている。

> 当企業グループで行っている住宅関連施策は廃止・縮小を考えています。国が制度として、住宅保障制度を考慮中であり、そこに企業が上乗せして支援していこうという考えです。物（住宅）よりお金です。

11）丸抱えから自立・自律支援

B社は、その方向性（傾向）のあることを指摘している。

> この傾向はあります。従業員全員に対して、従来の一律、公平に提供するよりも、従業員には選択を増やして、その余地を与えつつあります。例えば、従来、健康診断は全員一律でしたが、今は、個人の希望によって、診断内容を選べるようになっています。

12) その他

B社は、カフェテリア・プランについては、現状でもある程度選択の自由を認めているために、早急な導入については考えておらず、能力開発に力を注ぐことを指摘している。また、自己啓発施策については、今後、さらに力を注ぐことを指摘している。

4. おわりに

本章の最後に、以上から考察される結果を提示しておこう。

第1に、中国では、企業活動における福利厚生の役割については、程度の差異はあるが、従業員の仕事生活を安定させることによる定着率の向上やモチベーション向上が期待されており、わが国と大きな差異はない。また、近年、福利厚生の役割の変化にも着目されつつある。これは、資料調査やインタビュー調査からも判明している。

第2に、改革開放後、大きな課題として企業や個人の福利厚生費の負担増が課題になっている。従来、改革開放前から国有企業における高い費用負担は指摘されていたが、それが、今日の法施行および社会保障の充実化によって個人も負担者になってはいるが、さらなる負担増に直面している。これは、渉猟調査やインタビュー調査からも判明している。

第3に、わが国で見いだされた、「従業員の自立・自律支援」へのパラダイム変化については、中国ではまだ「丸抱え」段階であり、「自立・自律支援」はまだそれほど行われていない。ただし、インタビュー調査からはそれを意図する企業もあり、この考え方は普及していくと考えられる。これは、渉猟調査からも判明している。中国では、まだ従業員ニーズに適合的な施策提供を模索している段階であると思われる。

第4に、提供している施策については、企業が一方的に提供している状況であり、従業員との相互調整によって施策を提供している企業は少ない。インタビュー調査時点では、改革開放後、新しい法施行に伴う施策構築と費用負担の増加への対応に苦慮しているという状況である。また、ハコモノ(実物性)

から金銭性、あるいは服務性福利厚生の施策が充実しつつあるのは、わが国と差異はない。ただし、施策の多様性やカフェテリア・プランのように一律主義での提供からの変化はわが国の企業ほど見受けられない[26]。これは、インタビュー調査からも判明している。

最後に、以下を私見として述べておきたい。

今日、中国の企業間同士、および中国の日系企業において、従業員の確保・定着や能力開発、モチベーション向上等において福利厚生制度は間接的な影響とはいえ、重要な要素になりつつある。よって、その施策には、競争的な様相も見受けられる。改革開放から時間が経過して新たな競争局面に入っており、その制度設計については試行錯誤の状況といえよう。

わが国と比較した場合、法的制度の内容の差異、制度発展の差異、従業員の志向の差異等があり、一概に、わが国の場合と同じような歩調を歩むとは考えにくい。しかし、今後の東アジア地域の経済的発展を考慮すれば、制度設計・整備については協調し、共存共栄する余地は、この福利厚生制度だけをみても十分にあると考えられる。

謝意　本章につきましては、于楠吉林大学商学院助教授に、資料収集・翻訳、インタビュー先の予約・折衝・通訳に大変ご尽力いただきました。謝意を表します。

注

1) 制度の名称変化、制度創設の背景、役割の変化、施策の変化等については、高坂(1965)、間(1978：1987)、木元(1986)、松田(2003a)に詳しい。
2) 2007年10月9日「人民網日本語版」http://j.peopledaily.com.cn/ を参照。
3) 伊藤(1999) 820.
4) 張(2001)によれば、次の通りである。養老保険制度（年金）は、1978年にスタートした。1997年7月には、全企業労働者を対象とする社会基本年金制度が創設された。失業保険制度は、1986年7月には国有企業の労働者だけが対象だったが、1993年と1999年の法施行によって国内すべての企業の労働者対象に拡大された。生育保険制度（出産・育児）は、1994年12月に労働医療保険制度から分離された。労災保険制度は、1996年8月に労働医療保険制度から分離された。医療保険制度は、1953年から（国有企業や集団企業の従業員を対象とする）労働保険医療制度、（国家機関や事業部門の職員を対象とする）公費医

療保険制度、農村合作医療制度が創設されているが、1996年の改革が進まず、1999年にすべての労働者対象の制度が創設された（15-16）。

5) 田多編（2004）によれば、次の通りである。医療保険制度は、1999年に企業全労働者を対象に個人、企業、国の3者負担になり、個人負担は、本人賃金の2%、企業は総賃金の6%前後である。養老保険制度（年金）は、1997年に、全労働者を対象に社会基本年金制度が創設された。企業、個人、国の3者負担であり、個人負担は、本人賃金の4%以下から出発し、2年ごとに1%ずつ上昇し、最終的に8%になる。企業は総賃金の20%を超えない範囲で拠出する（国家基本養老年金、企業補充年金、個人積立年金で構成）。労災保険制度は、1996年に労働医療保険制度から分離され、保険料は、地方政府と企業が負担する。生育保険制度（出産・育児）は、1994年に労働医療保険制度から分離され、保険料は、賃金総額の1%を上限に企業が全額負担する。失業保険制度は、1999年の法施行によって国内すべての企業の労働者対象に創設され、企業、個人、国の3者負担である。これら以外にも都市住民最低生活保障制度が1999年に創設され、失業保険制度を超えた失業者を救う制度が創設されている（公的扶助制度）（17-24）。

6) 岩田他（2007）によれば、国有企業は、職工の住宅、医療、年金などの福祉のための費用が重荷であったこと（44）、他方、郷鎮企業は、国有企業より人件費が低く、税の優遇に加えて、地元の豊富で安い余剰労働力が利用可能で、年金・医療費の支給や住宅の提供などの負担も負ってはいなかったことを指摘している（138）。

7) 広井他編（2007）32.

8) 吹野（2002）97.

9) 同上書、97-107. また、吹野（1998）では、広東省広州市・重機械製造業の国有企業の事例調査を通じて、同様な指摘をしている。

10) 同上書、105.

11) 例えば、趙（2000）は、以下を指摘している。国有企業の問題としては、①医療費、年金などの社会保障制度の全額負担が、改革開放とともに企業経営を制約する主要な要因となってきたこと、②従来社会保障の対象として優遇されてきたのは、国有企業の正規従業員（全民職工）とその家族だけであり、郷鎮企業や外資企業（非国有企業）は優遇されておらず、その不均衡が大きくなったこと、③統一した社会保障機構と社会保障政策が存在しないこと（例えば、社会保険は、都市（労働部や人事部の所管）と農村（民生部の所管）の分割管理）がある。

12) 伊藤（1996）は、中国の企業事例調査から、賃金以外の労務経費の1つの柱は、住宅・独身寮経費であること、および従業員は企業が住宅を与えてくれるという意識が強いために帰属意識向上は住宅からという傾向が根強く、日系企業はこれを福利厚生制度の柱にしていることを指摘している。

13) 「日本経済新聞」2004年11月9日付の記事では、「中国において人材確保の問題があり、

日系企業の工場責任者は、コストがかさんでも給与を上げたり、福利厚生面を充実させたりして、従業員の働く意欲を引き出さなければ」とある。また、年金については、「日本経済新聞」2006年3月2日付の記事では、「中国に進出する日系企業の間では、優秀な現地従業員の引き留め策として、福利厚生制度の一環である企業年金の導入が注目を集めている」とある。

14) この調査は、中国人的資源開発（www.chinahrd.net）というウェブサイトを使って行われた。これは、中国において、人的資源管理分野で一番アクセスの多い専門ウェブサイト（120万の人的資源管理者の会員を所有）であり、これを作ったのは北京中人網公司（2002年創業）である。2005年10〜12月の期間内に、有効サンプル数として1,836社からあった返答が分析対象である。回答者の属性は次の通りである。企業の従業員規模では、500人以上が50.3%と多く、次が100〜199人で11.93%、200〜299人で8.5%である。業種別では、製造業が32.4%と多く、次が通信・IT産業で14.2%、不動産業で5.7%である。回答者の職位では、人力資源経理主管が71.7%と多く、員工福利局員が9.2%、CEO・CHO等が4.6%である。経営形態別では、民営・私営企業が40.7%、国有企業が26.5%、外資・合弁企業が25.0%、政府機関・事業単位が1.8%、その他6.1%である。回答者の性別では、男性が58.0%、女性が42.0%である。

15) わが国における法定福利厚生については、例えば松田（2003a・b）を参照。

16) これは、企業が（法定福利厚生以外の施策で）自らの経営の観点に基づいて任意に実施する施策である。具体的な施策については、例えば松田（2003a・b）を参照。また、パヒューマアジアグループ編（2003）によれば、中国の企業は、法定外福利厚生制度は人材確保、安定化、インセンティブを目的として、住宅購入補助金制度、子弟進学補助金制度、社用車支給、海外研修制度等の施策を行っている。非日系企業では、さらにストック・オプションを開始している企業もあり、クレジットカード保証やスポーツクラブ法人会員権は従業員に人気があり、社員旅行やスポーツ大会も歓迎されている。

17) 詳しくは、松田（2003a・b）を参照。

18) 07日経連調査の結果によれば、わが国の企業の場合、現金給与総額に占める福利厚生費の割合が、1965年度には12.6%であったものが、2007年度には17.7%に増加している。また、福利厚生費の中でも法定福利厚生費の割合が増加している。1970年度には約50%（対福利厚生費）、1980年度には約60%であったが、2007年度には約73%に増加している。具体的に企業は、従業員1人1か月当り平均7万5,936円を負担している。その一方で、中国の企業について伊藤（1996）は、企業事例調査から、法定福利費は対賃金総額比で、大連で61.3%、北京で49%であり、労働組合経費は共通で賃金総額比で2%であると指摘している。

19) 07日経連調査の結果によれば、わが国の企業の場合、平均値で17.8%であり、近年は横ばい状態とはいえ、従来からずっと上昇傾向にある。

20)「中国労働保障新聞」2008年3月29日付の記事によれば次の通りである。転職ウェブサイト「前程無憂」の調査によれば、①90％以上の企業は従業員に基本的な社会保険（年金保険、医療保険、失業保険）を提供しており、これらの保険をまったく提供していない企業の60％は、民営・私営企業である。②法定外福利において、90％以上の企業は金銭型福利厚生と服務（サービス）型福利厚生の施策を行っており、また、約80％の企業は、民間保険と物質型福利厚生の施策を行っている。③42％の企業は、企業が主導し、かつやや一方的な形で福利厚生施策を行っているのに対して、従業員の意見を取り入れ、従業員の需要と選択を尊重している企業もある（38％）。今後、後者のような企業が増えていく傾向にある。（中略）④福利厚生について、55％の人的資源管理の従事者は、自社においてそれが強い効果を果たしており、従業員は満足していると判断している。

21) リクルートワークス研究所編（2008）の調査によれば次の通りである。①法定「四金」以外の福利厚生制度の施策には、「社員旅行（57.4％）」「医療保障（本人・家族）（45.1％）」、「独自の長期休暇（16.7％）」が多い。②離職率の観点からみると、「カンパニーカー、車・ガソリン補助（11.1％）」および「子どもの教育費補助（4.9％）」を導入している企業の50.0％でホワイトカラーの年間離職率が3％以下である。また、「独自の退職金（3.7％）」を導入している企業の66.7％でホワイトカラーの離職率は5％以下である。その他、「社員旅行（57.4％）」「医療保障（本人・家族）（45.1％）」「独自の長期休暇（16.7％）」を導入している企業は離職率が低い。

22) 05中国調査によれば、次の通りである。企業の医療保障における管理職従業員と一般従業員の差異については、「（管理職従業員の）内容は（一般従業員と）同じだが、保障内容が手厚い（保障範囲が広い）」（71.2％）、「管理職従業員が一般従業員より保障内容が多い（保障範囲が広い）」（27.6％）、「両者とも同じ」（18.3％）である。次に、福利厚生に関する保険料の負担（従業員：企業）における管理職従業員と一般従業員の差異については、「一般従業員：企業」＝30：70、「管理職従業員：企業」＝24.4：75.6である。最後に、制度設計を従業員の家族まで含めて考慮するのかについては、「従業員の希望にかかわらず検討しない」（48.2％）、「従業員が希望すれば検討する」（48.8％）、「家族も含め検討し、保険料等も負担する」（3.0％）である。

23) 楊他（2002）によれば、次の通りである。中国の企業の福利厚生は、地区や企業のタイプによって異なる。地区からみると、北京や広東省、江蘇省、上海における企業は一般的に負担している福利厚生費が高く、これに対して、チベットや青海、寧夏、新疆はレベルが一番低い。他の地区は多少違いがあるが、大体その中間にある。企業のタイプと重ねてみると、一番レベルの高い福利厚生を提供している国有企業は、上記の4つの地区以外に山東省、遼寧省、浙江省にも多くある。香港・台湾・外資系企業は、上記の4つ（チベット、青海、寧夏、新疆）の地区以外、山西省、内モンゴル、湖南省、甘粛省、雲南省、陝西省においては、かなりレベルの低い福利厚生しか提供していない。また、香港・台湾・

外資系企業以外のすべてのタイプの企業は、上海において一番高い水準の福利厚生を提供している。

24) 質問票で尋ねた項目は35ある。詳しくは、松田他（2009）を参照。
25) 質問票で尋ねた項目は24ある。詳しくは、松田他（2009）を参照。
26) 2005 Survey Report for Welfare in Chinese Enterprises によれば、「2005年の企業福利厚生調査は中国企業に警告を」（2006年1月4日）の記述で、中国の企業は従業員に対して、実物・物質型の福利厚生施策が大幅に減少しており、その代わり金銭型のそれが行われていることを指摘している。また、中国企業の福利厚生は合理的ではなく、従業員に対する仕事動機づけが限られており、管理者は福利厚生を投資ではなく、コストとしてみていることを指摘している。

附録

表5-1 インタビュー調査の実施概要

項目＼企業	A 社	B 社
1. 時 期	2009年3月18日	2009年3月19日
2. 時 間	約1時間30分	約1時間
3. 相手先	マネジャー（行政管理部主任）	労務工作部主任
4. 他	于楠吉林大学商学院助教授に通訳していただき、3人が相対する形で行った	同左

なお、インタビュー調査の質問項目および内容等については、松田（2010）「中国における企業の福利厚生制度に関する研究―中国東北部の企業への今日的な様相に関するインタビュー調査を中心にして―」『岡山大学経済学会雑誌』第41巻、第4号、1-17に詳しい。

参照文献

伊藤健市（1999）「福利厚生」神戸大学大学院経営学研究室編（1999）『経営学大辞典 第2版』中央経済社、820.
伊藤武（1996）「中国調査報告―大連・瀋陽・北京―」『経営経済』第32号、160-168.
岩田（沈）奇志・岩田龍子（2007）『中国企業の経営改革と経営風土の変貌―経営革新はどこまで進んだか―』文眞堂.
木元進一郎（1986）『労務管理と労使関係』森山書店.
高坂正敏（1965）「第5節福利・厚生」大河内一男・吾妻光俊編『労働事典』青林書院新社、562-581.
田多英範編（2004）『現代中国の社会保障制度』流通経済大学出版会.

張紀潯（2001）『現代中国社会保障論』創成社.
趙溶（2000）「中国国有企業における従業員管理・福利厚生の変化―第一汽車集団公司の例をめぐって―」『労務理論学会研究年報』第10号、77-82.
間宏（1978）『日本労務管理史研究』御茶の水書房.
間宏監修・解説（1987）『慈恵的施設と福利増進施設　日本労務管理史資料集第1期第3巻』五山堂書店.
パヒューマアジアグループ編（2003）『人事・採用ハンドブック2002年度中国版』パヒューマアジアグループ.
広井良典・沈潔編（2007）『中国の社会保障改革と日本』ミネルヴァ書房（第2章）.
吹野卓（1998）「中国国有企業における福利厚生業務の改革」『吉備国際大学社会学部紀要』第8号、129-137.
吹野卓（2002）「中国の国有企業組織における外部市場化の動き」『社会システム論集』第7号、97-109.
松田陽一（2003a）「福利厚生制度」奥林康司編『入門人的資源管理』中央経済社、177-195.
松田陽一（2003b）「福利厚生制度の新動向」奥林康司編『成果と公平の報酬制度』中央経済社、165-186.
松田陽一（2004a）「ベネッセコーポレーションのカフェテリア・プラン」奥林康司・平野光俊編『フラット型組織の人事制度』中央経済社、145-167.
松田陽一（2004b）「転換期における企業の福利厚生の研究―岡山県下企業への調査の分析結果を中心にして」『岡山大学産業経営研究会研究報告書』第39集、1-52.
松田陽一（2004c）「企業の福利厚生における今日的な変化に関する研究―資料および調査結果の内容を中心にして」『岡山大学経済学会雑誌』第36巻、第3号、75-89.
松田陽一・郭琳（2009）「日本企業の福利厚生制度に関する報告―従業員のモチベーション向上に着目したインタビュー調査を中心にして―」『岡山大学経済学会雑誌』第41巻、第1号、31-52.
楊雪蓮・李時彦・楊波（2002）「中国企業従業員福利状況分析」『西南民族学院学報』Vol.23、No.12、189-191.
リクルートワークス研究所編（2008）『中国日系企業の人材活用調査』リクルートワークス.

第6章　中国特許制度の変遷と特許出願に関する考察

張　星源

1. はじめに

2008年、華為技術有限公司という中国企業の国際特許（PCT）出願数は1,737件に達し、2007年の首位だったパナソニックと交代し、初めて世界一となった。同年のPCT出願上位500のうち、中国系企業はまだ5社しかない。日本の130社に比べると少ないが、PCT出願数の前年比では中国の伸び率が大きく、12%に達していることが注目されている[1]。

近年、新興国、特に中国経済の台頭に伴って、日本企業を取り巻く経営環境が大きく変化している。その変化は単なるコスト競争にとどまらず、日本企業の国際競争力、とりわけ技術競争力の真価が問われる時代となった。

一国の国際競争力を語るには知的財産権が重要な意味をもつ。例えば、工業製品では多くの特許権と関わっている。製品の中核となる基本特許をもつことはその製品の生産・販売を押さえることにつながるし、国際的分業と製品の流通を阻害しないように特許プールの活用は注目されてきている。また、近年では、急速に伸びているサービス貿易に重要な位置付けがある知的財産権取引にも寄与することができる。同時に、世界標準あるいはデファクタ・スタンダードになりうる技術を特許化し、その保護を強化しないと、製品化段階での国際競争力は成り立たないことは常識となる。さらに、最近では、戦略的な国際標準化活動の観点から、東アジアの国々、とりわけ中国の企業との連携はますます重要視とされると思われる[2]。

1990年代以来、中国市場への進出に伴い、日本をはじめ多くの外国企業が自らの先端技術が無断で流出されたり、製品が勝手に模倣されたりといった知

的財産権侵害に頭を悩ませている。そこで、知財保護の対策に当たってさまざまな分析が寄せられてきた[3]。しかし、近年中国の知財に関する法整備が急ピッチに進んでいること、中国企業が積極的に知財戦略を打ち出していることに関する議論はごく限られている一方で、こうした背景のもとで、中国知財ビジネス市場へ進出するための、また、戦略的な国際標準を作るための国際連携についての日本企業の対応はあまりにも検討されていないのが実情である。

本章では、上述問題を直接に検討するのではなく、その準備段階である中国の法整備状況、とりわけ特許制度を概観し、日本企業の中国における特許出願の現状に焦点をあわせ、中国国内人、そして、アメリカ、ヨーロッパ諸国といった先進国、さらに、韓国との比較分析を行う。

本章は次のように構成される。第2節では、できる限り日本の制度と比較しながら、中国特許制度の概観を行う。そして、第3節では中国における特許出願の現状を考察するとともに、日本と、中国国内人および他の諸外国との比較分析を行う。最後に、第4節において、本章で行われた分析をまとめ、今後直面するであろう問題点を述べる。

2. 中国の特許制度

（1） 中国特許制度の概観

中国の特許法は「専利法」と呼ばれる。「専利法」は、「発明」、「実用新型」および「外観設計」に該当するものを「専利」という1つの文言でまとめている。そのうち、「発明専利」と「外観設計専利」は日本の発明特許と意匠にそれぞれ相当するものであるが、「実用新型専利」は、日本の実用新案に比べ、保護対象が若干狭くされている。「実用新型専利」と「外観設計専利」の出願に対しては、初歩的な審査しか行われずに権利が付与される[4]。

「実用新型専利」と「外観設計専利」の出願に対しては、実体の審査を行わない。特に、「外観設計専利」に関しては、2007年の中国国内人による出願件数は25万3,675件に達し、「発明専利」の15万3,060件よりはるかに多い[5]。独自性も革新性もない「ゴミ特許」の登録を許しているという指摘はかねてか

らなされていた[6]。この問題に対処するために3度目の「特許法」改正では「外観設計専利」の保護対象から、付与基準、出願書類、保護範囲の解釈および評価報告書制度の導入まで大幅な修正を行って、厳格化を図り、質の高い外観設計を維持しようという意思が示された[7]。こうしたことを踏まえて、本章の以下の議論は主に「発明専利」、つまり、発明特許を中心にして行われる。

中国または外国の発明者は中国の発明特許（「発明専利」）権を取得するために、中国国家知識産権局に出願しなければならない。日本と同様に中国でも、アメリカのような先発明主義ではなく、先願主義が採用されている。すなわち、同じ発明であっても先に出願された発明のみに特許権を与える[8]。ただし、工業所有権の保護に関するパリ条約、特許協力条約の同盟国の国民や中国と締結した2国間条約の当該外国または優先権の相互承認の原則による場合は、優先権主張が認められる[9]。

第3次改正以前の中国特許法は、外国人による出願に関する手続きを行う場合は中国国内人とは異なり、中国政府が指定した渉外特許代理機構に委託しなければならないと定められていたが、第3次改正によって、中国にある代理機構を渉外代理機構とそうでない機構に分ける歴史に終止符が打たれた（閻・白洲、2009）。アメリカに出願する場合は、外国人が相互主義（identical reciprocal privileges）の原則に基づき、居住している国における特許代理機構を通じて行うことができるが、中国に出願する場合は、日本と同様にあくまでも中国国内の特許代理機構を利用することに限られている（Sun, 2003）。

中国でも日本のような出願審査請求制度を導入しており、出願から3年以内に実体審査請求を行うことができ、審査請求のあったものだけに実体審査が行われる。また、3年の期間を過ぎても請求しない場合は、その出願は取り下げられたものとみなされる[10]。日本では、2001年9月30日以前に出願している特許に対しては審査請求期間は7年であったが、それ以降は特許法改正により3年に短縮された。それに比べ中国の方は、先により短い審査請求期間を導入した経緯がある。

日本では、1971年にオランダ、ドイツですでに採用されている出願公開制度が導入された。それは日本の特許制度の特徴の1つと位置付けられている

(Okada and Asaba, 1997; Kortum and Lerner, 1998)。このような出願公開制度は、中国の特許法にも定められている。出願されてから18か月を経過すると、その出願内容は、国家知識産権局の初歩的な審査を経て公開される。そして、日本と同様に、公開された特許には特許権登録までの期間における法的な保護も明確にされている[11]。

中国国家知識産権局は出願されたものを、新規性、創造性（日本の特許法の進歩性に相当する）、あるいは、実用性という特許用件を満たすかどうか審査し、出願内容の改定要求、拒絶査定、あるいは登録という決定を下す。

特許権付与の条件としては、第3次改正以前の中国特許法は「相対的な新規制に関する基準」が適用されたこともあった。特許を申請する場合には、国内・海外で未発表であることと、国内で公開使用されていない、またはその他の方法で知られていないことが前提となった。しかし、改正後の特許法では、既存の技術に属さないことを国内にとどまらず、いかなる組織または個人の発明までにも及ぼし、国内外で公知、公用されていないという「絶対的な新規性に関する基準」が採用された[12]。

特許権の保護範囲について、通常は発明の詳細説明と請求範囲（クレーム）によって定められる。日本では、長い間に「単項性」と呼ばれる独特のクレーム制度が採られていたが、1987年の特許法改正により、国際的に調和のとれた本格的な「多項性」が導入されることになった（岡田、1998）。中国の特許法においては、「多項性」が採用されており、独立クレームと従属クレームの関係は特許法の実施規則に定められている[13]。

日本では、1994年の特許法改正に至るまで、特許登録前の特許異議申立制度が設けられていた。しかし、多くの国々が特許付与後の異議申立制度を採用していることにより制度上の不調和が生じるという理由から、1994年の法改正によって、特許付与後の異議申立制度が導入された（岡田、1998）。この制度によると、特許掲載公報発行の日から6か月以内に特許の請求項目ごとに特許異議の申立てができる。Hu and Jefferson（2005）によれば、中国でも同様に、いったん特許付与前異議申立制度を採用したが、1992年の中国特許法の第1次改定により、その制度の代わりに特許付与後異議申立制度に近い特許付

与後行政取り消し制度を導入した。日本の異議申立制度に対して、中国で異議の申立てができる期間は、公報発行日から6か月以降とされていた。しかし、2000年の中国特許法の第2回改正では、このような特許付与後行政取り消し制度を撤廃したという（韓（2003））。3年後の2003年に、日本でも異議申立制度を廃止して無効審判に統合する特許法の改定が行われた。

中国の特許審査期間は特に定められていない。中国の特許審査期間について、中国国家知識産権局の文献によれば、2001年の平均53か月から2006年の22か月に短縮されたという[14]。実体審査の後、その出願を却下する理由が存在しない場合、特許権を付与する決定を行い、登録および公告を行う。特許権は公告の日から有効となる[15]。登録された特許に付与された特許権の存続期間は、中国特許法の第1次改正以前では出願から15年と定められていたが、その改正によって20年に延長された[16]。

日本の特許料金構造について、出願料が低く設定されている一方で特許料金の逓増度が高い。同時に、日本では、特許公告後1年から3年分一括前払いが求められている。結果的には出願奨励型となっているともいえると岡田（1998）が指摘した。近年では、特許性の乏しい発明の特許審査請求を防ぐために、2004年では、審査請求料の大幅な上昇という改定が行われた（Yamauchi and Nagaoka, 2008）。表6-1では、日本と中国の特許料金の比較を示している。中国の特許審査請求料は日本に比べて安く設定されていると同時に、特許出願料はやや割高であるとみてとれる。他方、日本と中国の年金を比較してみると、日本の10年目以降の年金は1年目の年金の約25倍に対して、中国では約5倍弱にとどまっていることがわかる。

中国の特許法は中国国家知識産権局の出願却下の再審決定、特許権無効宣告または特許権維持決定に不服がある場合には、通知を受領した日から3か月以内に裁判所に提訴することができると定められている。他方、特許権者が権利行使をする場合は、特許行政管理機関に調停を請求する、または裁判所に提訴することができる。特許行政管理機関は、調停に当たって侵害者に侵害行為の差止めおよび損害賠償を命ずる権限を有する。当事者も、命令に不服がある場合には命令の通知を受領した日から3か月以内に裁判所に提訴することができる[17]。

表 6-1　日本と中国の特許料金

中　国		日　本	
特許出願料	950 元　（14,250 円）	特許出願料	15,000 円
審査請求料	2,500 元　（37,500 円）	審査請求料	168,600 円 +（請求項の数 ×4,000 円）
年金（1 年ごとに）		年金（1 年ごとに）	
第 1～3 年まで	900 元　（13,500 円）	第 1～3 年まで	2,300 円 +（請求項の数 ×200 円）
第 4～6 年まで	1,200 元　（18,000 円）	第 4～6 年まで	7,100 円 +（請求項の数 ×500 円）
第 7～9 年まで	2,000 元　（30,000 円）	第 7～9 年まで	21,400 円 +（請求項の数 ×1,700 円）
第 10～12 年まで	4,000 元　（60,000 円）	第 10～25 年まで	61,600 円 +（請求項の数 ×4,800 円）
第 13～15 年まで	6,000 元　（90,000 円）		
第 16～20 年まで	8,000 元　（120,000 円）		

注：1）2009 年 11 月 1 日現在。日本国特許庁および中華人民共和国国家知識産権局ウェブによるものである。
　　2）日本の審査請求料および年金は、それぞれ 2004（平成 16）年 4 月 1 日以降の出願と 1985（昭和 63）年 1 月 1 日以降の出願かつ平成 16 年 4 月 1 日以降に審査請求をした出願に関する料金である。日本の特許料金には消費税が含まれていない。
　　3）中国特許料のうち、括弧内の値は 1 人民元＝15 円で換算されたものである。

　このように、中国の特許紛争の審理機関としては、司法ルート（裁判所）以外には特許行政管理機関という行政ルートが存在する。後者は、中国各省、自治区、直轄市政府および特許事務量が大きくて実際的処理能力を有する区政府が設置する特許事務を管理する部門を指している[18]。

　表 6-2 では、近年の中国の特許に関する訴訟の動きを示すものである。全般的に案件件数は増加しつつある。中国の審判制度は日本とは異なるので直接的に比較することはできない。しかし、2007 年において、日本の特許と意匠の拒絶査定不服審判請求件数はそれぞれ 3 万 2,586 件と 1,094 件にのぼり、特許、実用新案と意匠を合わせた無効審判請求件数は 322 件になることからすると[19]、中国国家知識産権局が扱っている再審案件数は日本のそれより少な

表 6-2　中国特許関係の訴訟ルートと訴訟件数の推移

機　関	中央政府行政機関		特許行政管理機関	司法機関
所　在	中国国家知識産権局		各省、自治区、直轄市における地方知識産権局	中級人民法院 高級人民法院
対応案件	再審請求、無効宣告等		特許紛争	特許紛争
不服の場合	人民法院に提訴		人民法院に提訴	高級人民法院または最高人民法院に提訴（2審制）
年	再審請求	無効宣告		
2001	616	1316	977	
2002	961	1752	1442	
2003	1913	1813	1517	2110
2004	2768	1904	1455	2549
2005	3230	2087	1313	2947
2006	2894	2022	1227	3196
2007	2565	2183	986	4041
2008	4360	2038	1092	4074

注：数値は新規案件件数であり、発明、実用新型、および外観設計を合算したものである。
出所：郝・寺山（2006）、および中国国家知識産権局「知識産権白書」（各年）。

いのに対して、無効宣告案件数の方は多いことがみてとれる。

（2）中国特許制度の沿革

　中国の特許制度は19世紀の清の時代にまで遡ることができる。当時、発明者への特許を付与する根拠は法律ではなく、皇帝の恩恵によるものであった。1882年、光緒皇帝は織布の新技術を開発した「上海機器織布局」に10年の特許を与えた。さらに、1889年、1895年、1896年には、製紙、醸造および布の製造に関する新技術に特許を付与したことも歴史に記録されている（韓、2006）。

　中国大陸における最初の特許法は1945年に当時の中華民国政府により制定された。この特許法は1949年1月に実施すると予定されたが、中華民国政府の崩壊によって、中国大陸においては実施されなかった（Fai, 2005）。1912年から1944年までの32年間に、戦争や内乱などの理由で、わずか692件の特許しか付与されていなかった。

表 6-3　中国特許制度の沿革

年　度	法律の名称	主な内容
1882 年		清の皇帝による「上海機器織布局」に 10 年間の特許付与
1898 年 5 月	振興工芸給賞章程（実施せず）	発明に、10、20、50 年の特許付与
1912 年 12 月	奨励工芸品暫行章程	食品、薬品を除く製品発明および改良に 5 年内の特許付与
1923 年 3 月	暫行奨励工芸品章程	特許保護の対象を製造方法の発明および改良に拡張、特許期間を 3、5 年に定める
1928 年 6 月	奨励工芸品暫行条例	特許期間を 3、5、10、15 年に定める
1940 年 11 月		中華民国専利局設立
1945 年 5 月	中華民国専利法（実施せず）	発明、新型（実用新案に相当）、新式様（意匠に相当）を含む中国本土最初の特許法
1912～1944 年		計 692 件の特許を付与
1949 年 10 月		中華人民共和国成立
1950 年 8 月	保障発明権与専利権暫行条例	職務発明に対する発明証書の発行と国が採用しない発明の特許証書の発行
1963 年 11 月		「保障発明権与専利権暫行条例」を廃止
1950～1963 年		計 4 件の特許証書と 6 件の発明証書を発行
1980 年 1 月		中華人民共和国専利局設立
1980 年 6 月		WIPO 加盟
1984 年 3 月	中華人民共和国専利法（1985 年 4 月実施）	特許、実用新案と意匠の定め、公開、審査請求、公告後の異議申立制度の導入、特許期間 15 年、実用新案と意匠 8 年
1985 年 3 月		パリ条約加盟
1992 年 9 月	1 回目の改正（1993 年 1 月実施）	特許保護対象の拡大、特許、実用新案と意匠期間をそれぞれ 20 年と 10 年に延長、付与後異議制度への変更
1994 年 1 月		PCT 加盟
1998 年 3 月		中国専利局から中国国家知識産権局へ名称変更
2000 年 8 月	2 回目の改正（2001 年 7 月実施）	TRIPs に合わせ、特許権の保有と所有の明確化、職務かつ名の報奨制度、訴訟前差止制度の導入、特許権侵害の賠償額の算定方法の規定、付与後異議申立の廃止、特許行政管理機構の役割の明確化
2001 年 12 月		WTO 加盟
2008 年 12 月	3 回目の改正（2009 年 10 月実施）	渉外代理機構指定の廃止、中国に先に出願する制限の緩和、損害賠償額の増額、絶対的新規性基準の採用、意匠の付与基準の厳格化、訴訟前仮処分と証拠保全の明確化

出所：郝・寺山（2006）、韓（2006）、劉（2002）、闇・白洲（2009）。

現代中国特許制度を創設するために、中国政府は1978年から諸先進国の特許制度を考察する代表団を派遣し始めた。中国政府が選んだ最初の訪問国は日本だった[20]。それは、まず日本の特許制度を学ぼうという考えからである（郝・寺山、2006）。1980年1月に中国専利局が設立され、特許法および特許法実施規定の制定作業は本格的に起動し、1984年3月12日に現在の中国特許法である中華人民共和国専利法が中国の国会にあたる全国人民代表大会常務委員会会議で採択され、1985年4月1日から実施された。

中国の特許法は3回にわたって改正された。第1次改正は1992年に行われた。この改正は一連の国際組織の加盟[21]に伴うものであるが、その一方でアメリカとの間の知的財産権保護をめぐる、数年にわたる激しい応酬の結果であるともいえる（韓、2006）。

改正の主な内容として、特許保護の対象を薬品、食品、化学物資まで拡大し、発明、実用新案と意匠の保護期間をそれぞれ15年から20年、8年から10年に延長した。さらに、付与前異議申立てを付与後申立制度に変更した。その変更によって、特許の審査期間が短縮されたという指摘もあった（Hu and Jefferson, 2005）。

第2次改正はWTOへの加盟に向けた一連の法整備の一環として2000年に行われた。この改正によって、中国の特許制度は多数の国際慣例とTRIPs協定にかなり一致するようになった。

発明特許に関する主な改正では、特許権者の許諾なしに、生産や販売といった事業として発明を実施することを侵害とみなすと明確にし、特許権者の保護について司法上の判定根拠を提供した。と同時に、訴訟前差止めの規定や特許侵害に対する損害賠償額の算定方法を初めて特許法に定めた。さらに、特許行政管理機関の役割を明らかにした。特許行政管理機関は、特許紛争事件における当事者からの処理請求を受理すること、侵害行為の停止を命じること、裁判所に行政執行を要請することや当事者の請求に応じて特許権侵害の賠償額について調停することができることが特許法に明記された[22]。

第2次改正以降、中国の知的財産権保護を取り巻く環境が大きく変わった。中国政府は自主創新型（イノベーション型）の国家建設の発展戦略を打ち出し

た一方で、中国企業は自らの知的財産が重要な経営資源であると認識し、国内のみならず、国際特許（PCT）にも積極的に出願し始めた。このような変化に適応するために、2008年には第3次改定が行われた。

第3次改定では、渉外代理機構指定を廃止し、外国人も中国国内人と同様に法律によって設立された特許代理機構に出願等の業務を委託することにしたと同時に、外国に出願する場合でも中国に先に出願するという制限を緩和した。他方、これまで採用された相対的新規性基準を見直して絶対的新規性基準を採用し、意匠の付与基準をも厳格化した。さらに、第3次改定には、損害賠償額の増額、訴訟前仮処分と証拠保全の明確化、特許行政管理機関に新たにいくつかの権限を与えること等が盛り込まれた[23]。

3. 中国の発明特許事業の現状

（1） 中国における発明特許の出願と登録

中国における特許の法整備が急ピッチに進んでいるとともに、特許事業自身も飛躍的発展を遂げている。中国の特許当局の統計によると、1985年においては、8,226件の発明特許が出願されたが、2007年では、出願件数が24万5,161件に達していることがわかった。そのうち、海外からの出願は約37.6%を占めている[24]。

図6-1と図6-2は中国国内人、および日本をはじめ、諸外国の中国における特許出願と登録件数の推移を表している[25]。2007年において、日本、アメリカ、EU11か国と韓国の出願件数と登録件数は、それぞれ海外からの出願と登録総数の93%と94%であった。

特許出願の全体的な動向をみると、2000年から、中国国内人および諸外国の中国における特許出願の様子は大きく変わったことが明らかにされている。中国は2001年12月に世界貿易機関（WTO）に加盟した。WTOに加盟するための必要な条件として、知的な財産権に関する諸法律の改定を行った。そのなかに、特許法の第2次改正は、2000年8月に中国の国会にあたる全国人民代表大会常務委員会に可決され、2001年7月から正式に実施された。中国国

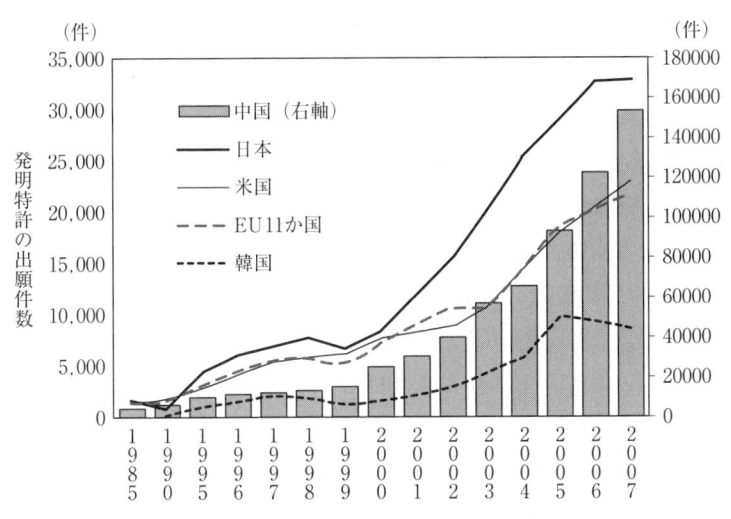

第6章　中国特許制度の変遷と特許出願に関する考察　111

図6-1　中国における発明特許出願の推移
出所：中国国家知識産権局統計データにより作成。

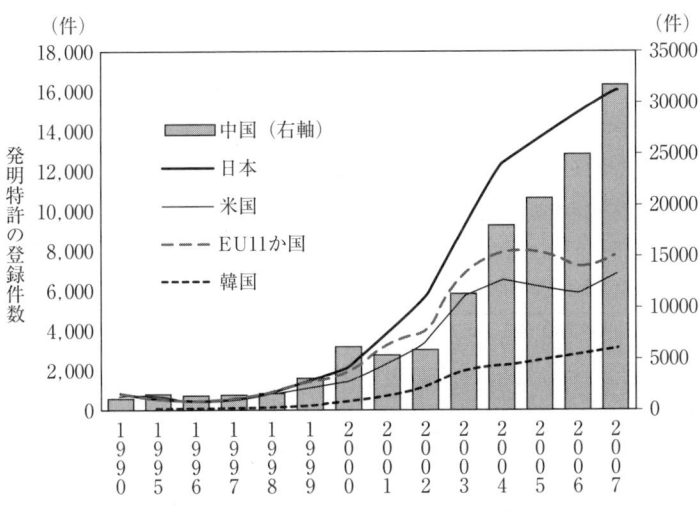

図6-2　中国における発明特許登録の推移
出所：同上。

内人および諸外国の中国における特許出願件数の伸び率は急激に上昇し、それに伴って登録件数も大幅に増加していることは、こうした法環境の変化によるものであると考えられる。

2000年から2007年にかけて、中国国内人の発明特許出願件数と登録件数の平均伸び率はそれぞれ26%と23%であり、出願件数の方が登録件数の伸び率をやや上回っている。諸外国のうち、日本企業の発明特許出願の勢いは目立っている。1990（平成2）年では、日本の出願件数は820件であるが、それに対してアメリカとEU11か国はそれぞれ1,604件と1,323件を出願した。その後、日本企業の中国における特許戦略を強化する傾向が示されており、特に2000年以降、日本の出願平均伸び率は25%であり、アメリカとEU11か国のそれぞれの18%と19%を大きく上回っていることがわかる。2007年の時点では、諸外国の出願総数における日本の割合は36%に達している。

他方、図6-2でも、日本の特許登録件数が増加する傾向を強く表している。アメリカとEU11か国の伸び率が2004年以降はやや落ちているのに対して、日本の伸び率は高まりつつあることが伺われる。

登録件数についての日本のこの特徴を諸外国の特許登録件数のシェアで見てみよう。表6-4は、諸外国の中国における特許登録件数シェアの推移を示すものである。それによると、1990年代では、日本の登録件数シェアは30%前後であり、アメリカやEU11か国に比べて目たった優勢はみられないが、2000

表6-4　諸外国の中国における発明特許出願と登録のシェアの推移

		1990	1995	2000	2001	2002	2003	2004	2005	2006	2007
出願シェア	日本	0.19	0.37	0.31	0.36	0.38	0.41	0.40	0.36	0.37	0.36
	米国	0.37	0.22	0.28	0.25	0.22	0.22	0.23	0.23	0.23	0.25
	EU11	0.31	0.26	0.27	0.27	0.26	0.21	0.22	0.23	0.23	0.23
	韓国	0.02	0.08	0.06	0.06	0.07	0.09	0.09	0.12	0.10	0.09
登録シェア	日本	0.33	0.26	0.34	0.35	0.38	0.36	0.40	0.43	0.46	0.45
	米国	0.25	0.35	0.23	0.21	0.22	0.22	0.21	0.19	0.18	0.19
	EU11	0.32	0.26	0.29	0.31	0.26	0.27	0.26	0.25	0.22	0.21
	韓国		0.03	0.06	0.06	0.08	0.08	0.07	0.08	0.08	0.09

出所：同上。

年以降、日本のシェアが30%台から40%台にまで急に上昇したことがわかる。通常、登録件数シェアが上昇することは、出願した特許の質が優れていることを意味するが、すでに第2節で述べたように、中国では日本と同じように出願から3年以内に審査請求を行うことができ、審査請求した出願しか審査しない出願審査請求制度が導入されている。したがって、ある国の登録件数シェアの伸び率が出願件数シェアの伸び率に比べより大きいときには、その国の出願された技術や発明の利権化への志向が高まっていると解釈できる。2000年から2007年にかけて、日本の特許登録件数シェアが出願件数シェアを上回っており、知的財産権を保護するために中国の特許制度を積極的に活用しようとする努力が読み取れる。

(2) 発明特許技術分類の分布

中国では、国際特許分類（IPC）を採用しており、そのうちAは生活必需品、Bは処理操作・運輸、Cは化学・冶金、Dは繊維・紙、Eは固定構造物、Fは機械工学・照明・加熱・武器・爆破、Gは物理学、そしてHは電気という技術主分類を表している。図6-3は諸外国が2004年から2007年に出願した特許の技術主分類の分布を示している。

それによると、中国国内人と諸外国の出願した特許の技術分類の分布はかなり異なっていることがわかる。中国では、E（固定構造物）分類を除けば、各分類に満遍なく出願しているのに対して、日本は、韓国、オランダと同じように、H（電気）とG（物理学）分類に多く出願しており、その2つの分類だけでも出願件数全体の5割強を占めている。他方、A（生活必需品）、C（化学・冶金）という分野については日本からの出願は相対的に少なく、それぞれのシェアは6%と11%となっており、アメリカのいずれもの19%、ドイツの12%と18%、そしてイギリスの23%と20%とは対照的である。

特許技術分類の集約度を検証するために、ハーフインダール指数がしばしば利用される。表6-5では特許技術主分類に関する諸外国のハーフインダール指数を1995年から1999年、2000年から2003年と2004年から2007年と3つの期間に分けてまとめている[26]

114 第2部 経済―競争と協力―

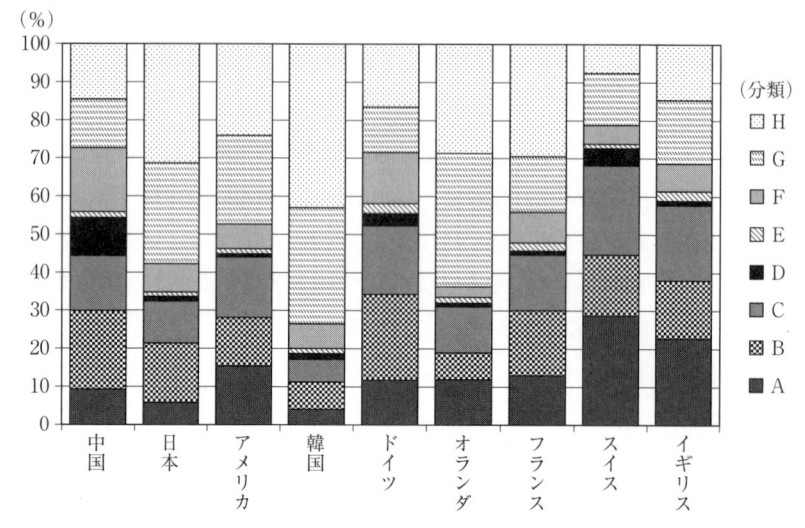

図6-3 2004-2007年に出願した特許の技術主分類の分布
出所：同上。

表6-5 諸外国発明特許技術分類ハーフインダール指数

年	日本	アメリカ	韓国	ドイツ	オランダ	フランス	スイス	イギリス
1995～1999	0.187	0.175	0.231	0.174	0.202	0.180	0.176	0.182
2000～2003	0.204	0.179	0.227	0.164	0.257	0.193	0.194	0.170
2004～2007	0.212	0.180	0.291	0.157	0.240	0.180	0.193	0.170

出所：同上。

　1995年から1999年においては、日本のハーフインダール指数は0.187となっている。しかし、2000年から2003年の同指数は0.204と増大した。さらに、2004年から2007年では0.212に達していることがわかる。これは韓国の0.291には及ばないが、アメリカの0.180やドイツの0.157より大きい。日本のハーフインダール指数の増大は、近年日本企業の中国における特許出願がGとH主分類に集中していることによるものであると考えられる。G主分類とH主分類にはG01（測定・試験）、G02（光学）、G05（制御・調整）、G11（情報記憶）、H01（基本的電気素子）、H03（基本電子回路）、H04（電気通信技術）という技術が含まれており、いずれもICT関連技術に関わる分野である。

こうした分野に集中的に出願することは、日本企業の中国情報関連技術領域における知的財産権の保護を強化する、または、この分野の知財市場での独占的な地位を確保する動きがあるとみられる。

(3) ハイテクおよび環境技術分野の発明特許の出願現状

中国国内人と日本をはじめ、諸外国の分野別の出願行動をより詳しく分析するために、次では、電気工学、バイオテクノロジーおよび環境技術分野という特定技術分野を取り上げ、比較してみよう。

表6-6は、特許庁「特許行政年次報告書」2009年版にある分野別対応IPC表に基づいて[27]、通信、コンピュータおよび半導体というICT分野、電気自動車や風力・太陽光発電に関連性がある電気機械・電気装置・電気エネルギー分野、および環境保護技術等分野に分類され、2000年と2005年に公開された出願データを示すものである。

2005年において、日本はこうした特定分野での出願数は中国国内人に及ば

表6-6 特定技術分野の出願状況（公開ベース）
(件)

	中国 2000	中国 2005	日本 2000	日本 2005	アメリカ 2000	アメリカ 2005	韓国 2000	韓国 2005	独・仏・英 2000	独・仏・英 2005
電気機械・電気装置・電気エネルギー	5867	13883	1336	6058	605	1813	192	1532	472	1291
音響・映像技術	1597	6038	997	6711	399	973	262	1921	172	730
電気通信	1182	7703	819	3852	795	2378	314	1370	403	1256
デジタル通信	171	3925	186	1375	243	1577	74	553	121	749
基本電子素子	265	1067	210	1062	139	478	45	182	49	307
コンピュータテクノロジー	2159	9703	559	4045	608	3477	113	897	183	849
半導体	313	3786	556	4304	245	1462	103	899	114	519
生物材料分析	137	1213	34	223	101	283	1	19	35	134
バイオテクノロジー	730	3984	144	550	364	890	20	108	165	467
マイクロ構造・ナノテクノロジー	2	243	0	51	0	49	1	20	0	14
環境技術	10	5550	146	577	128	328	17	98	98	257

出所：中国国家知識産権局統計データ、日本特許庁「特許行政年次報告書」(2009年版)。

ないものの、アメリカをはじめ、他の主要先進国に比べて極めて多いといえる。特に、音響・映像技術については公開された日本の特許件数は6,711件に達しており、アメリカの1,813件を大きく上回っていると同時に、中国国内人の6,038件よりも多い。さらに、電気機械・電気装置・電気エネルギー、基本電子素子や半導体等の分野においても、日本からの出願数はアメリカに2倍以上の差をつけている。

他方、デジタル通信、生物材料分析、バイオテクノロジー、マイクロ構造・ナノテクノロジー、環境技術分野での中国の出願の勢いが目立っている。デジタル通信の中国国内人の公開件数は2000年に171件で、同時点の日本の186件とアメリカの243件を下回るが、2005年では逆転して3,925件まで上昇した。生物材料分析、バイオテクノロジーの分野においても、2005年の日本やアメリカなどの公開件数に比べると中国の方が圧倒的に多い。さらに、環境技術に関しても、2000年に10件しかない中国国内人の公開件数は2005年には5,550件にまでのぼり、同時点の日本およびアメリカに約10倍以上の差をつけた。

特許庁の『特許行政年次報告書』（2009年版）によると、優先権主張年2004年のいわゆる3極コア（日本、アメリカおよびヨーロッパ特許庁）に出願されているマイクロ構造・ナノテクノロジー、生物材料分析、バイオテクノロジーとデジタル通信のいずれの分野においても、日本国籍による出願は最も多い。3極コアへの出願に比べ、日本は中国におけるこうした戦略分野への発明特許の出願を躊躇していることが伺われる。

4. おわりに

本章では、中国の特許制度を概観した上で、中国国内人および他の先進国と比較しながら、日本の中国における特許出願状況を検討した。

① 中国の特許制度の歴史は短く、法の運用にはさまざまな問題があるが、先進国並みの法的整備は進んでいる。

② 中国における日本の特許出願および登録の勢いが目立っている。特に2000年以降、日本の出願および登録平均伸び率は韓国には及ばないもの

の、アメリカをはじめ、他の諸外国を大きく上回っている。知的財産権を保護するために、日本企業が中国の特許制度を積極的に活用しようとする努力が読み取れる。

③　日本企業の出願は、音響・映像や半導体といったICT技術分野に集中し、中国での出願を強化しているのに対して、デジタル通信、生物材料分析、バイオテクノロジー、マイクロ構造・ナノテクノロジーや環境技術といった戦略的な分野においての出願は、日本の3極コアへの出願に比べると控えられていると見て取れる。

近年、中国政府が自主創新型（イノベーション型）の国家建設の発展戦略を打ち出したという背景のもとで、中国国内の技術取引は活発になっている。図6-4は、中国における技術取引金額の推移を示すものである。それによる

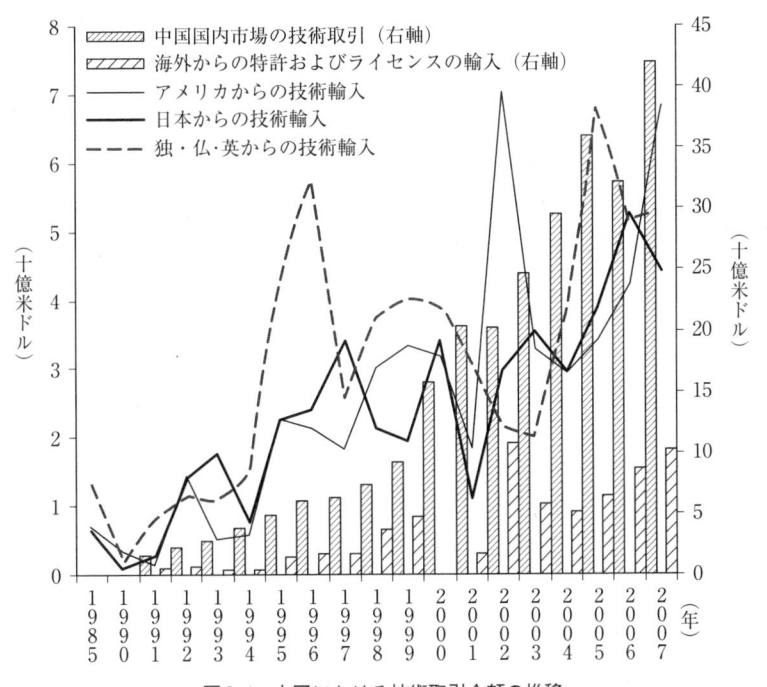

図6-4　中国における技術取引金額の推移
出所：「中国統計年鑑」（各年）により作成。

と、2000年以降、技術取引に関する中国国内市場の規模は急速に拡大していることがわかる。また、海外からの特許やライセンスの輸入の増加は全般的に緩やかであるのに対して、日本からの輸入は急ピッチに上昇している。

　他方、中国企業は自らの知的財産が重要な経営資源であると認識し、国内のみならず国際特許（PCT）にも積極的に出願し始めた。それと同時に、ライセンス取引やクロスライセンスの利用等は活発化され、国際的標準化組織への参加と活動も強化されている。2008年、中国企業華為技術有限公司は国際的標準化組織に1,000件以上の提言を行ったという[28]。また、パテントプールの構築やクロスライセンスの活用等という特許戦略を強化する姿勢はいっそう鮮明になっている。こうしたことから、今後、日本をはじめ、外国企業が中国市場において中国企業から訴えられる可能性も増えてくる。いかに中国の特許事情に沿って長期的な特許出願戦略を採るかが、日本企業が今後直面する課題となる。

注
1)　世界知的所有権機関（WIPO）のウェブを参照。
2)　日本工業標準調査会「政策トップページ」を参照。
3)　日本貿易振興機構『中国模倣被害実態アンケート調査結果（2004年）』を参照。
4)　『中華人民共和国専利法（第3次改正）』第40条を参照。
5)　中国国家知識産権局ウェブによるもの。
6)　新浪科技Online版2006年1月3日付。
7)　『中華人民共和国専利法（第3次改正）』第23、25、27、61条を参照。
8)　『中華人民共和国専利法（第3次改正）』第9条を参照。
9)　『中華人民共和国専利法（第3次改正）』第29条を参照。
10)　『中華人民共和国専利法（第3次改正）』第35条を参照。
11)　『中華人民共和国専利法（第3次改正）』第34条、第68条を参照。
12)　『中華人民共和国専利法（第3次改正）』第22条を参照。
13)　『中華人民共和国専利法実施細則（2002年修正）』第21、22、23条を参照。
14)　中国国家知識産権局『「関於加強企業知識産権保護的建議」的答復（2007年7月17日）』によるもの。
15)　『中華人民共和国専利法（第3次改正）』第39条を参照。
16)　『中華人民共和国専利法（第3次改正）』第42条を参照。

17) 『中華人民共和国専利法（第3次改正）』第41、46、58条を参照。
18) 『中華人民共和国専利法実施細則（2002年修正）』第78、79条を参照。
19) 特許庁「特許行政年次報告書2008年版」によるもの。
20) 中国国家知識産権局ウェブによるもの。
21) 1990年代前半、中国が加盟した国際組織は、ベルヌ条約（1992年10月）、UCC条約（1992年10月）、ジュネーヴ条約（1993年4月）、PCT条約（1994年1月）、ニース協定（1994年8月）、ブタペスト条約（1995年7月）がある。
22) 劉（2002）、郝・寺山（2006）を参照。
23) 閻・白洲（2009）を参照。
24) 中国国家知識産権局ウェブによるもの。
25) ここでのEU11か国はドイツ、フランス、イギリス、オランダ、イタリア、スウェーデン、フィンランド、デンマーク、ベルギー、オーストリアとスペインを指している。
26) ハーフインダール（HHI）指数は以下のように計算される。

$$HHI = \sum_i \frac{P_i^2}{(\Sigma_i P_i)^2}$$

ここでは、P_iはi主分類の出願件数である。
27) 分野別対応IPC表については付表-1を参照。
28) 『21世紀経済報道』（2009年5月12日）を参照。

参照文献

郝慶芬・寺山啓進（2006）「中国特許制度のエッセンス」『特技懇』No.243、11-26.

岡田羊祐（1998）「特許制度の法と経済学」『フィナンシャル・レビュー』110-137.

韓暁春（2003）「中日専利申訴及専利行政訴訟制度的比較和借鑑」中国国家知識産権局条法局編『専利法研究2003』、133-149.

韓秀成（2005）「中国専利史話」『中国知識産報』2005年12月19日

劉新宇（2002）「中国のWTO加盟に伴う知的財産権制度の変化と展望」『特許研究』No. 34、56-66.

閻文軍・白洲一新「中国特許法改正及び特許保護における検討課題」『特許研究』No.47、17-26.

Fai, Felicia M. (2005) "Using Intellectual Property Data to Analyse China's Growing Technological Capabilities," World Patent Information, Vol. 27, 49-61.

Hu, Albert Guangzhou and Gary H. Jefferson (2005) "A Great Wall of Patents: What is Behind China's Recent Patent Explosion?" memor, Department of Economics, National University of Singapore.

Kortum, S. and J. Lerner (1998) "Stronger Protection or Technological Revolution:

What is behind the Recent Surge in Patenting?" Carnegie-Rochester Conference Series on Public Policy, No.48, 247-304.

Okada, Y. and S. Asaba (1997) "The Patent System and R\&D in Japan," A. Goto and H. Odagiri (eds.), Innovation in Japan, Oxford: Clarendon Press, 229-255.

Sun, Yifei (2003) "Determinants of Foreign Patents in China," World Patent Information, Vol. 25, 27-37.

Yamauchi, Isamu and Sadao Nagaoka (2008) "Complementary Reforms of Patent Examination Request System in Japan," Working Paper #08-07, Institute of Innovation Research, Hitotsubashi University.

付表-1 分野別IPC対応表

分野	対応IPC
電気機械・電気装置・電気エネルギー	F21、H01（ただし、01L、H01P、H01Q、H01Sを除く）、H02、H05B、H05C、H05F、H99Z
音響・映像技術	G09F、G09G、G11B、H04N（ただし、H04N001、H04N007、H04N011を除く）、H04R、H04S、H05K
電気通信	G08C、H01P、H01Q、H04B、H04H、H04J、H04K、H04M、H04N001、N04N007、H04N011、H04Q
デジタル通信	H04L
基本電子素子	H03
コンピュータテクノロジー	G06（ただし、G06Qを除く）、G11C、G10L
半導体	H01L
生物材料分析	G01N033
バイオテクノロジー	C07G、C07K、C12M、C12N、C12P、C12Q、C12R、C12S
マイクロ構造・ナノテクノロジー	B81、B82
環境技術	A62D、B01D045、B01D046、B01D047、B01D049、B01D050、B01D051、B01D052、B01D053、B09、B65F、C02、F01N、F23G、F23J、G01T、E01F008、A62C

出所：特許庁「特許行政年次報告書」（2009年版）。

第7章　物流からみた東アジア経済圏

津守貴之

1. はじめに

本章の目的は、①物流という視点からみると、東アジア経済圏の一体性、あるいは一体化とはどのような現象であり、それはどのような構造のもとで発生、進行しているのか、②物流という視点からみると、東アジア経済圏の一体性、あるいは一体化はまた今後どのように変容していくのかを考察することである。

物流という視点を選んだ理由は次の3点である。

1つは現在の物流システム、とりわけコンテナ物流システムが経済活動のグローバル化やリージョナル化の実質的なインフラとなっていることである。本章第1節においても説明するように、企業がその活動を複数の国に分散させ、それによって国境を越えた水平分業体制が構築されるようになっている。これを可能としている前提条件がコンテナ物流システムの普及である。そして東アジア経済圏の一体性、あるいは一体化とは、とりもなおさず、東アジア域内における水平分業関係の拡大・深化のことを意味する。そうであるならば、物流という視点で東アジア経済圏を分析することは、東アジア経済圏の一体化を支える要因を分析することと同義となる。

2つには、物流という視点がもともと空間的視点を含むものであることである[1]。グローバル化とは、空間的にみるならばインターローカル化である。なぜならばグローバル化とは、いままでナショナルな経済空間の中に閉じ込められてきた各国内部の各地域、すなわち、ローカルな経済空間が直接、外国の各地域とつながりをもつ現象のことだからである。換言するならば、グローバル

化とは従来、より緊密であった国内各地域間関係が相対的にその緊密性を低下させ、それに代わって他国内部の各地域間との関係が緊密化することである。このグローバル化（インターローカル化）を促進する要因が企業活動のグローバル化であり、企業活動のグローバル化の集合体としての国境を越えた水平分業関係の拡大・深化である。そして企業活動のグローバル化とは、その企業が国境を越えて自らの組織を分散配置させることであり、これら分散配置された活動拠点の間には、当然、有機的な連携が図られることになる。そしてこの有機的な連携を支える主要なネットワークの1つが物流活動である。異なる地点の間のモノの過不足を調整する活動が物流であり、それは同じ企業組織に属するが空間的に分散配置された活動拠点間の調整、あるいは提携している企業の間での空間的に離れた活動間の調整も同様である。物流の機能は需要と供給の空間的ずれを調整する活動であると一般に認識されているが、このことは物流活動が市場の空間性を前提としたものであることを端的に物語っている。

　しかしグローバル化（インターローカル化）が進展するといっても、すべての地域が同じ機能をもつわけではない。また、それぞれの地域経済が世界のどことも同じようにつながりをもつわけでもない。それは第1にグローバル化は新たな中心―周辺関係をもたらすからである。グローバル化が進展するまでは、1つの国の中で首都と地方との間の関係が中心―周辺関係になることが多い。グローバル化（インターローカル化）とはこのような国内に限定されていた中心―周辺関係を、国境を越えた中心―周辺関係に切り替えるという現象である。したがって今まで外国とのつながりをもっていなかった地方圏が新たにそのつながりをもちえるようになったといっても、それはその国の中心地と同じ役割をもつようになったことを意味するわけではない。そこには国境を越えた新たな中心―周辺関係の形成があり、その中で各地域はそれぞれ異なる役割・機能をもつことになる。それまでとの違いは中心―周辺関係の空間的範囲が国民経済を越えた広がりをもつようになったことである。

　第2にグローバル化（インターローカル化）とは、成長の極が一国内部から解き放たれてより広い空間をまとめ上げる現象を意味するが、そのより広い空間には一定の範囲が設定されることである。一定の空間的範囲が設定される

理由の1つは、近接性のメリットや集積の利益である。リージョナル化とは、これら近接性のメリットや集積の利益が発揮される空間的範囲が、国民経済という空間からより広い空間に拡大する現象ということができる。そうであるならば、国境を越えた地域・都市間連携がどのような仕組みで可能となっているのか、また国境を越えた地域・都市連携のまとまりとしての東アジアというリージョンがどのような仕組みのもとで一体性をもっているのかという点を、地域・都市間の連携を現実的に支えている物流ネットワークとその構造的特徴および変化から検討することは可能である。

　3つには、今まで東アジア経済圏の一体性を分析する場合、そのほとんどが貿易・投資活動の緊密化という現象、あるいは自由貿易圏等の国家間協定の分析であった。なるほど近年、物流面の分析も少しずつみられるようになってはいるが、水平分業と物流システムを関連させた分析はまだない。この点も物流という視点から東アジア経済圏の一体性を分析する意義の1つである。

　ところで物流活動を分析する際、一般には次の2つの視点が必要である。1つは荷主企業の行動と組織である。いうまでもなく、荷主企業の行動と組織のあり方は、貨物量と貨物の輸送需要の内容を直接的に規定するものである。物流活動あるいは物流サーヴィスは、それそのものとしては貨物を生み出すものではない。それはあくまでも生み出された貨物に対するサーヴィスでしかない。貨物がなければ物流サーヴィスは意味をなさない。したがって物流市場の動向をみる際、一義的には貨物の動向とそれを規定する荷主企業の活動およびそれらの集合体としての産業の動向をみる必要がある。本章では近年の荷主企業の生産システムの動向とそこから発生する物流ニーズの内容をその空間的展開の特徴から整理する。

　もう1つは、物流企業のネットワークとそのもとでの物流企業にとっての合理性である。これは荷主企業のニーズに対応して構築されるものであるが、同時に物流企業のコア・コンピタンスおよびそれを反映した物流企業独自の論理によっても形成されるものである。つまり、物流企業の活動は貨物や荷主企業あるいは産業の動向に大きく規定されるが、同時にこれらの動向から相対的に自立した物流企業にとっての合理性に基づいても行われる。そしてこの物流

企業にとっての合理性とそれに基づく物流ネットワークの形成が、逆に荷主企業の行動や組織のあり方を規定する要因の1つになる。

本章では特に船社の航路ネットワークが船社の合理的戦略によって再編成され、それが結果的に東アジア経済圏の一体性にどのように作用しているのかをみることにする。

上述した本章の目的および分析の視点から、本章は以下の構成をとる。まず第1節において東アジア域内における水平分業の特徴を整理するとともに、それを支えた物流システムであるコンテナ物流システムの特徴を東アジア域内水平分業との関連で整理する。ここでは東アジア域内における荷主企業の一般的な物流ニーズを明らかにするとともに、それにコンテナ物流システムがいかに対応しているのかを示す。

次に第2節で東アジア域内物流市場の構造変化を、量的変化と質的変化およびそれらの背景から整理する。量的変化とは域内物流市場の規模の拡大と域内における各海運市場の相対的な比重の変化のことである。また質的変化とは物流市場を構成する各海上輸送ルートの再編成とその仕組みの変容およびそれによる東アジア域内物流ネットワークの再編成と物流拠点の消長のことである。

そして最後にコンテナ物流システムの特徴と海運市場の構造変化から、今後の東アジア域内物流ネットワークがどのように変容する可能性があるのか、それによって東アジア経済圏の一体性がどのような方向に再編されるのかについて考察する。

2. 東アジア域内水平分業の進展とコンテナ物流システム

(1) 東アジア域内における水平分業の進展とその特徴

1) 東アジア域内貿易・投資関係の緊密化と変容

すでに多くの研究者が分析しているように、東アジア域内の貿易・投資関係は緊密化の度合いを高めている。それは、かつては日本からアジアNIEs、アジアNIEsからASEAN、ASEANから中国といった形で順送りに、いわゆる「雁行形態型発展」を示すものと考えられた。しかし1990年代に入って中国

が本格的に世界経済に参入し始めると、東アジアにおける「雁行形態型発展」は大きくその様相を変えることになる。東アジア域内諸国の間の関係は、経済発展段階の違いによる序列ができるというよりも、それぞれの国が競争優位をもつ産業分野、さらには生産工程ごとに相互補完的な関係をもつようになっている。例えば、近年の研究が示している状況はおおむね次のようなものである[2]。日本は高品質・高機能の鉄鋼や繊維製品あるいは樹脂等の化学品などの素材や、やはり高品質・高機能の自動車部品や電気部品等を他の東アジア域内諸国に供給する高品質・高機能素材部品供給国として、ASEANは標準的な電気製品や部品および原燃料、食料・食料加工品供給国として、中国は標準化された電気製品、二輪車、衣類、おもちゃなどの雑貨等の加工組立製品の供給国として、また韓国や台湾等は日本と中国の中間の役割を果たす国としてそれぞれの役割を持ち、東アジア域内全体が1つの相互補完的な経済圏として一体化しつつあるというものである。そしてこの東アジア域内諸国間の相互補完的な関係は、そのまま域内における水平分業の拡大・深化を意味している。この東アジア域内経済の相互補完関係、すなわち、水平分業関係は、かつては主に欧米先進国市場向け輸出製品の生産を、そして域内的には日本市場向け輸出製品の生産を目的としてきた。

　このような状況に加えて、東アジア域内の中国や東南アジア諸国等の発展途上国、域外のインド、ブラジル、アフリカの一部諸国等が、生産拠点としてだけでなく、市場としてもその規模を急速に拡大させつつある。そうしたなか、これら新興諸国市場において求められる製品が大量に作り出されるようになっている。これら新興諸国の市場の特徴は、端的には、高品質・高機能あるいは多機能で高価格な製品への収斂ではなく、低価格で単機能の低価格品需要の拡大である。

　その結果、現在、東アジア域内経済の一体化のなかで進みつつある現象は、いわばプロダクト・ライフ・サイクルの「逆流」現象とでもいうべきものである。かつては新製品の開発は最先進国で行われてきた。それは新しい需要が発生する場所が最も購買力が強く、したがって最も所得水準の高い国であると考えられてきたからである。そして新製品は、次に2番目に所得水準の高い先進

国へ伝播することになり、その後、中進国へ、さらには発展途上国へ普及するとされた。それは最先進国のライフ・スタイルを他国が模倣しようとすることと、新製品が大量生産によって次第に安価になるとともに標準製品化するためである。

　ところが近年、「新製品」開発は新興諸国発で行われるケースが増えている。この場合の「新製品」とは新興諸国市場をターゲットとして開発された製品のことであり、それは今までの新製品のように画期的な新機能をもつというものではなく、画期的な低価格であるという意味において「新製品」である。そして巨大な人口を抱える新興諸国の急速な経済成長、市場拡大は低価格品に対する膨大な需要を生み出している。このことが意味することは、貨物の発生地点の重心が次第に先進諸国から新興諸国へと移転しているというだけでなく、発生する貨物をコントロールする国・地域あるいは企業として新興諸国および新興諸国出身の企業が台頭しつつあるということである。また低価格品市場の拡大であるため、必然的にその生産、流通に関わるコストが大幅に圧縮される傾向にある。

2）垂直分裂の空間的投影としての東アジア域内水平分業

　ところで上述した東アジア域内水平分業関係の拡大・深化は、当然のことながら、個々の企業活動の集合の現れである。次に、近年の荷主企業の行動と組織の特徴であり、水平分業の拡大・深化の動因である「垂直分裂」という現象をみておこう[3]。

　「垂直分裂」とは垂直統合の反対語である。垂直統合とは、企業がその活動の川上、川下の活動を自社の組織内に内部化することを意味する。それに対して垂直分裂とは、自社の活動を細分化し、これら細分化された諸活動の中から自社がコア・コンピタンスをもつ活動を選び、それに自社の経営資源を集中させるとともに、それ以外の活動はアウトソーシングすることを意味する。例えば、あるメーカーのケースを考えてみよう。あるメーカーが自らの工場の中に1つの生産ラインをもっており、その生産ラインが例えばA、B、Cの3つの生産工程に分かれていたとする。垂直分裂とは、これらA、B、Cの3つの生産工程のうち、1つないし2つの生産工程を自社に残し、それ以外を他社に任

せるというものである。そして他社に任せる、すなわち、アウトソーシングする先は国内企業であるとは限らない。企業はそれぞれの生産工程が最も効率的に稼働する場所を選ぶため、アウトソーシング先は他国、それも複数の他国になるケースが一般的である。そしてその場合、自らが他国に直接投資を行って工場を建設する場合もあるが、近年、一般的にみられる状況は、進出先の現地企業と提携し、そこに生産工程を委託するというものである。前述した東アジア域内での相互依存関係は素材や部品、あるいは完成品を国境を越えて輸出入するという水平分業が進展している状況の反映であるが、それはこの企業活動の分散が東アジアという空間に投影されたものともいえる。

　このような垂直分裂が可能となった背景の1つは、モジュラー型生産活動の一般化である[4]。モジュラー型生産とは、汎用性のある部品を組み合わせることによって製品を生産するものである。このタイプの生産方法の特徴は、①汎用性のある部品の生産ごとに生産工程を分割しやすいこと、②企業は分割された生産工程ごとに特化あるいはアウトソーシングしやすいこと、③したがって分割された生産工程ごとに大量生産が行いやすく、コスト・ダウンが図れること、④また汎用性のある部品の組み合わせ生産であるため高い技術力を必ずしも必要とせず、生産コストが安い場所やアウトソーシング先の企業に委託する傾向にあること等、である。先進国が低成長あるいはマイナス成長という状態のなか、先進国において決定的な新製品が生み出されにくい状況と標準化された製品の低価格化が定着している一方で、新興諸国においては標準化された製品の需要が爆発的に拡大している。このようななか、標準化された製品は、次第にその部品の互換性を高めてきた。このことが、もともと生産工程の機械化が進むなかで、生産工程が細分化される傾向と結びつく形で、垂直分裂という現象を一般化させる一因となった。

3）EMS型企業の一般化とSCM[5]

　一方、モジュラー型生産活動の一般化とそのもとでの垂直分裂の展開は、EMS型企業を多方面で生み出している。

　EMS型企業とは、EMS企業と同様の役割をもつ多様な分野の企業のことである。周知のように、EMS企業とはElectronics Manufacturing Service

企業の略であり、ブランドをもつ複数の電機メーカーに基幹部品を納入する企業のことである。この企業形態は、前述した垂直分裂という状況のなかから生み出された企業ということがいえる。ここではEMS型企業の具体的な事例として、食品加工業とアパレル産業におけるEMS型企業を簡単にみてみよう。

　食品加工業におけるEMS型企業の具体的な例は、梅干や漬け物を生産する漬物屋や焼き鳥加工業者、おでんの具の加工業者などにみることができる。これらの食品半加工品は、ファミリー・レストランや居酒屋等の外食チェーンやコンビニエンス・ストアあるいはスーパーマーケット等に大量に納入されているものである。そしてこれらの納入業者であるEMS型企業の多くが半加工品を大量に生産し、それを複数の顧客に納入している。居酒屋チェーンが違っても、これら異なる居酒屋チェーンに出されている焼き鳥やおでんの具は同じ納入業者から調達しているといったことは珍しいことではない。またアパレル産業におけるEMS型企業も、複数のブランド・メーカーあるいは百貨店やスーパーマーケット等に大量の衣類を納入している。そしてこれらEMS型企業のほとんどがその生産を海外生産拠点に依存している。例えば衣類では中国やヴェトナム、加工食品ではやはり中国やタイ、韓国、インドネシア等というように、それぞれの製品の生産に適した東アジア域内のさまざまな場所で半製品を生産している。

　このようにEMS型企業は多様な産業に存在する。そして納入先である顧客との関係は、従来のOEMのように下請け関係ではなく、対等な取引になっているケースが多い。さらにEMS型企業が海外生産を行う場合、それは自社が直接投資を行って進出するケースだけでなく、現地企業に特定の生産工程をアウトソーシングするケースも多い。そしてEMS型企業と海外の現地生産企業との取引は必ずしも固定したものとは限らない。それは、アウトソーシングする生産工程が細分化され単純化されているため移転させることが容易であり、それによって経済環境の変化による最適立地点の変化に対応しやすいようになっているからである。

　この20年ほどの間、物流はしばしばサプライ・チェイン・マネジメント（Supply Chain Management 以下、SCMと略）という言葉で代替されるよう

になっている。SCMとは調達から生産、販売までのサプライ・チェーンを全体的かつ一元的に管理・運営することを意味している。このような言葉が一般化するのは、まさに水平分業が拡大・深化し、「垂直分裂」が進展し、国境を越えて生産工程が複数企業組織にまたがって分散配置される状況のなかで、これら分散配置された生産拠点全体を管理・運営する必要性が高まっているからである。

　しかし、分散配置するといっても野方図にその空間的範囲が広がるわけではない。アパレル製品についていえば、例えば、素材としての繊維＝原反を生産する紡績工場がある国・地域、それを裁断・縫製して加工する国・地域、そして販売する市場の国・地域の3つがそれぞれ異なるとしよう。そうすると調達から生産、販売までの一連の流れは次のようになる。紡績工場がある国から原反が加工工場のある国へ輸出される。そしてその加工工場で衣類が生産され、それが販売市場のある国へ輸出される。当たり前の流れであるが、ここで問題になるのは原料 → 生産 → 販売という3つの活動をつないでいる → の部分に必要な時間である。

　当然のことながら、これら3地点の間の距離が長くなればなるほど → 部分に必要な時間は長くなる場合が多い。3地点を結ぶための時間が長くなるということは、調達から生産、販売までのリードタイムが長いということである。それは企業にとっては、商品販売期間の短縮化とそれによる売れ残り発生の可能性の増大あるいは生産在庫負担の増大といったデメリットをもたらすものである。したがって「垂直分裂」が進展して、EMS型企業が一般化しているといっても、生産拠点のネットワークおよび生産拠点と販売市場との間の距離は可能な限り近いことが求められることになる。これが東アジア経済圏等のリージョナルな経済圏を形成する要因の1つになる。

（2）水平分業を支えるコンテナ物流システム

　しかし近接性が必要とされるといっても、グローバル化は企業が国境を越えてそれぞれの生産工程を最適な地域・都市に置くことを可能にした。今まで国民経済の枠組みのなかに閉じ込められていた企業活動・組織が、これほど容易

にこの枠組みを越えて展開できるようになった、大きな要因の1つがコンテナ物流システム革新とその普及である。

1) コンテナ物流システムの特徴

コンテナ物流システムの最も重要な特徴とは、物流の迅速性、多頻度性、小口化、定時性を確保しやすいという点にある。コンテナ物流システムとは、コンテナという国際的に規格化・統一された輸送用容器の利用をもとに、このコンテナを取り扱うことに特化したコンテナ専用船をはじめとして、専用クレーン（ガントリー・クレーン）やトランスファー・クレーン、ストラドル・キャリア、コンテナ専用シャーシ（台車）およびそれを牽引するトレーラーなどの物流の現場機器と、貨物や船舶を管理する情報システムによって物流システム全体が規格化されているものである。まず規格化によって貨物の取扱作業が単純化、機械化し、従来の作業と比べると作業に必要な時間が大幅に短縮されるようになった。これは物流の迅速性をもたらす要因となっている。またコンテナという容器に貨物を入れていることが前提となるため、天候の影響を避けることが可能となり、安定的な取扱作業が行えるようになった。これは物流の定時性を確保する要因となっている。さらに従来の輸送手段単位、すなわち船舶単位での物流活動ではなく、コンテナという容器単位での物流活動であるため、物流の小口化が促進された。そして物流の迅速性と定時性および小口化は物流の多頻度性を実現する要因となっている。同時に情報システムの導入によって、コンテナ単位での貨物管理が容易になった。

2) 水平分業の前提としてのコンテナ物流システムの一般化

ところで水平分業あるいは「垂直分裂」という企業組織および国際産業構造の関係やそれに基づくEMS型企業の存在が一般化するには、それを可能とする環境が必要であった。その環境の1つの柱がコンテナ物流システムである。コンテナ物流システムは、上述したように、迅速性、定時性、貨物ダメージの回避、小口化、物流のシームレス化、情報化にある。そしてこれら6つの特徴は、水平分業や「垂直分裂」の進展やEMS企業の展開をそれぞれ次のように促進してきた。

① 迅速性

　コンテナ船はそれまでの在来船よりもはるかに迅速な港湾荷役作業を可能とした。このことによってコンテナ船の運航効率は飛躍的に向上した。そしてそれは必然的に遠隔地間での輸送時間を大幅に短縮するものであった。この迅速性によって、企業は遠隔地への生産拠点移転が今まで以上に容易になった。さらに迅速性による船舶の運航効率の向上は、当該船舶の港湾への寄港頻度の向上をもたらす。コンテナ物流は多頻度できめ細かな船舶の配船を可能とすることによって、遠隔地間での貨物の多頻度輸送を実現したのである。

② 定時性

　港湾荷役の迅速化は、単にスピード・アップにつながっただけではない。コンテナという規格化された輸送用容器を荷役するために専用に造られたガントリー・クレーンを使うことによって、港湾荷役作業はその必要時間を予測することが容易になった。すなわち、1時間当たりガントリー・クレーンで何個コンテナを荷役できるのかがカウントできるようになったのである。またコンテナ船の荷役作業は天候に左右されにくい。これらのことから港湾における荷役時間と船舶の運航時間がそれぞれ予測しやすくなった。このことは荷主企業にとっては自社工場や倉庫から、あるいは自社工場や倉庫へコンテナ貨物の輸出入あるいは搬出入するスケジュールを立てやすいことを意味している。それは生産計画に合わせた遠隔地生産拠点・販売拠点間の調整が行いやすいことでもある。いわばコンテナ船が運航している海上ルートは、遠隔地に配置された生産拠点・販売拠点の間を結ぶ、目に見えない生産ラインなのである。

③ 貨物ダメージの回避

　コンテナという輸送用容器に貨物を入れているため、中の貨物はダメージを受けにくい。これは工場の生産ライン上で製品が移動している状態とほぼ同じ状態で遠隔地に貨物を運ぶことができるということである。

④ 小口化

　海上輸送や港湾荷役において、コンテナ化とは、それはそのまま小口化を意味する。というのも、従来の物流単位は船舶という輸送手段単位で考え

られてきたため、最低輸送単位が数百 t、数千 t が当たり前であったのに対して、コンテナは1本で20t から30t とはるかに小さい単位だからである。このことによって海上輸送においてもコンテナ単位での小口輸送が可能となり、多頻度化とあいまって遠隔地の生産拠点間の調整が容易になった。

⑤　シームレス化

　コンテナ物流システムとは、コンテナという共通の輸送用容器を使う物流システム全体のことである。それは海上輸送のみを指しているわけではない。なぜならばコンテナは鉄道でも輸送できるし、シャーシに搭載して陸送することもできる。このことからコンテナ物流は海陸一貫で送り手から受け手まで Door to Door でモノをやりとりすることができるシステムになっている。遠隔地に立地する工場や倉庫の間を、コンテナという輸送用容器に入れたまま戸口から戸口へとつなぐことができるのである。まさに海陸一貫の物流ルートが、ほぼ生産ラインと同様に、「つぎめのない」（シームレス）状態になっているのである。

⑥　情報化

　現在、少なくともコンテナ単位で貨物情報がコンピュータ・ネットワークで管理されている。このことも遠隔地間でのモノのやりとりを正確に管理する手段として機能している。

以上みてきたように、コンテナ物流システムは遠隔地に分散配置した生産・販売拠点を有機的につなぎ合わせる仕組みとして機能している。グローバルな規模でSCMが円滑に行える前提には、コンテナ物流システムの普及があったといっても過言ではない。

3. 東アジア域内物流市場の一体化

　以下本節では、水平分業の進展を支えるコンテナ物流ネットワークが東アジア域内においてどのような形で展開しているのか、その特徴を説明する。

(1) 東アジア域内物流市場の拡大
1) コンテナ定期船輸送市場における3大基幹航路

　世界のコンテナ定期船輸送市場はさまざまな航路に分かれている。海運市場はもともと航路ごとに市場が分断されており、それぞれの航路ごとに船腹量＝輸送サーヴィスの供給量と貨物量＝輸送サーヴィスの需要量の間の関係によって運賃が決定されてきた。これら多数の航路によって構成される海運市場のなかでも3大基幹航路と呼ばれる主要航路がある。それは欧米航路、東アジア—欧州航路、東アジア—北米航路である。もともとは世界の3大産業集積地である北米、西欧、日本を中心とした東アジアの間を結ぶ遠洋航路であり、そこでは大量の貨物が大西洋やインド洋あるいは太平洋をまたいで輸送されてきた。そして現在でも、これら3大基幹航路にはコンテナ6,000本以上の積載能力をもつ巨大コンテナ船が運航されている。それ以外は東アジアや北米、欧州、豪州、南米、インド洋等の各リージョンの内部の港湾をつなぐ域内航路である。

2) 東アジア発着および域内海運市場の拡大

　そうしたなか、東アジア発着および東アジア域内海運市場の規模が非常に大きくなってきている。例えば2007年の時点で、上述した3大基幹航路の取扱いコンテナ個数の世界シェア（表7-1）は、東アジア—北米航路の東航（東アジアから北米への輸出航路）が14.8％、東アジア—欧州航路の西航（東アジアから欧州への輸出航路）が12.6％となっており、東アジア発の輸出航路が極めて大きなシェアを占めていることがわかる。これは前述した「世界の工場」としての東アジアが、欧米に大量の貨物を送り出していることの現れである。

　さらに、東アジア以外の各地域が東アジアから輸入するコンテナ貨物のシェ

表7-1　東アジア域内および東アジアからのコンテナ貨物流動量の世界シェア（％）

東アジア	域内	14.9
	北米向け	14.8
	ヨーロッパ向け	12.6
東アジア—北米航路（往復）		21.3
東アジア—欧州航路（往復）		17.5

出所：株式会社商船三井営業調査室『定航海運の現状2008』より作成。

134　第2部　経済―競争と協力―

表7-2　発着地別のコンテナ貨物量およびシェア

(単位：1000TEU、％)

輸出地／輸入地	北　米	東アジア	ヨーロッパ	南　米	中　東	南アジア	アフリカ	オセアニア	合　計
北　米	367	6444	2536	2206	350	321	292	267	12782
	1.7	21.6	10.4	28.6	5.8	9.9	5.8	10.0	12.7
東アジア	14910	14986	12688	2186	1794	146.1	1720	1346	51091
	69.5	50.3	51.9	28.4	29.5	45.1	34.0	50.3	50.9
ヨーロッパ	3078	4896	3662	1332	2581	778	1300	374	18001
	14.3	16.4	15.0	17.3	42.4	24.0	25.7	14.0	17.9
南　米	2035	1229	2500	1733	196	58	396	63	8210
	9.5	4.1	10.2	22.5	3.2	1.8	7.8	2.4	8.2
中　東	66	339	1054	17.0	450	192	313	44	2476
	0.3	1.1	4.3	0.2	7.4	5.9	6.2	1.6	2.5
南アジア	683	557	1040	95	463	250	288	37	3413
	3.2	1.9	4.3	1.2	7.6	7.7	5.7	1.4	3.4
アフリカ	117	475	700	84	156	113	675	45	2365
	0.5	1.6	2.9	1.1	2.6	3.5	13.3	1.7	2.4
オセアニア	211	852	255	52	93	65	73	500	2101
	1.0	2.9	1.0	0.7	1.5	2.0	1.4	18.7	2.1
合　計	21466	29779	24435	7705	6083	3238	5057	2676	100440
	100.0	100.0	100.0	100.0	100.0	100.0	100.0	100.0	100.0

出所：表7-1に同じ。

アは、全体的に大きいことがわかる（表7-2）。ちなみに、逆の東アジア―北米航路の西航、すなわち東アジアにとっての輸入航路や、東アジア―欧州航路の東航、すなわち東アジアの輸入航路の貨物量は、両方とも輸出航路の半分程度である。

　また、東アジア域内航路の世界シェアは14.9％となっており、上述した東アジアから欧米への輸出航路に匹敵する大量の貨物が、域内コンテナ航路においても動いていることがわかる。これら域内航路で動いているコンテナ貨物が東アジア域内の水平分業体制を支えているのである。

（2）東アジア域内物流市場の再編成
　1）東アジア域内コンテナ港湾の消長
　　表7-3を見てみよう。これは、コンテナ貨物の取扱量（個数＝20フィートコンテナ換算：TEU）で見た各年の上位20港の推移を示したものである。一

第7章 物流からみた東アジア経済圏　*135*

表7-3　世界のコンテナ取扱量ランキング

(単位:1万TEU)

順位	1985年	取扱量	1994年	取扱量	2003年	取扱量	2007年	取扱量
1	ロッテルダム	265	香港	1127	香港	2010	シンガポール	2876
2	ニューヨーク/ニュージャージー	240	シンガポール	1060	シンガポール	1810	上海	2615
3	香港	229	高雄	520	上海	1128	香港	2388
4	高雄	190	ロッテルダム	448	深圳	1061	深圳	2110
5	神戸	185	プサン	370	プサン	1037	プサン	1327
6	シンガポール	170	神戸	270	高雄	884	ロッテルダム	1079
7	ロングビーチ	144	ハンブルグ	270	ロサンゼルス	718	ドバイ	1065
8	アントワープ	135	ロサンゼルス	258	ロッテルダム	710	高雄	1026
9	横浜	132	ロングビーチ	255	ハンブルグ	614	ハンブルグ	990
10	ハンブルグ	116	横浜	239	アントワープ	545	青島	946
11	基隆	116	アントワープ	225	ドバイ	515	寧波	936
12	プサン	115	ニューヨーク/ニュージャージー	217	ポートクラン	480	広州	920
13	ロサンゼルス	110	基隆	190	ロングビーチ	466	ロサンゼルス	836
14	東京	100	ドバイ	187	青島	424	アントワープ	818
15	ブレーメン/ブレーメルハーフェン	99	フェリクストウ	180	ニューヨーク/ニュージャージー	415	ロングビーチ	731
16	サンホアン	88	東京	172	タンジュンペラパス	379	天津	710
17	オークランド	86	サンホアン	155	東京	328	ポートクラン	709
18	フェリクストウ	85	オークランド	150	ブレーメン/ブレーメルハーフェン	319	タンジュンペラパス	550
19	シアトル	85	ブレーメン/ブレーメルハーフェン	142	ラムチャバン	318	ニューヨーク/ニュージャージー	540
20	ボルティモア	71	シアトル	137	ジオイアタウロ	315	ブレーメン/ブレーメルハーフェン	489

出所:*Containarization International* 各年版より作成。

見してわかるように、東アジアの港湾が上位を占めている。具体的には、上位10港にはシンガポール、香港、上海、深圳、プサン、高雄、青島の7港が入っている。また上位20港のうち、12港が東アジアの港湾によって占められている。東アジアの港湾がこのように膨大なコンテナ貨物の取扱個数を占めているということは、前述した東アジア域内および東アジア発着貨物の世界シェアの多さを示すものでもある。このように東アジアの港湾は過去20年程度の間に、急速に台頭している。

ただし、東アジアの港湾が急速に台頭しているといっても、それは東アジ

アの港湾すべてが同じ傾向を示しているということを意味しているわけではない。その典型的な例が日本の港湾の地位の低下である。やはり同じ表を見てみると、1985年の段階では、神戸港は香港、高雄に続く東アジアのトップ・ポートであった。そして阪神・淡路大震災の前年の1994年においても、プサン港の後塵を拝しているとはいえ、神戸港は上位に位置している。ところがその後、阪神・淡路大震災で被災した神戸港は当然のことながら、日本の港湾は上位20港から姿を消している。これはいうまでもなく、産業が日本という島国から中国をはじめとする大陸アジアに移転するとともに、後発産業国が急速に経済成長した結果である。

2）東アジア域内コンテナ港湾機能の再編成

前述したように、東アジアからみると欧米という2つの産業集積地域と東アジアを結ぶ幹線航路として東アジア—北米間、東アジア—欧州間の航路は機能している。ただこれら2つの基幹航路は、東アジア、北米、欧州に数多く存在するすべてのコンテナ港湾を直接結んでいるわけではない。東アジア、北米、欧州の3つの地域のそれぞれにおいて大量の貨物を集める特定の大港湾にのみこれら航路は就航している。

それではそれ以外の中小港湾はどのような航路をもっているのか。それはこれら3地域の域内港湾間をつなぐ域内航路である。そして東アジアと欧米を結ぶ欧米基幹航路が就航する東アジア域内の特定大港湾を集約拠点として、この域内航路はネットワークを形成している。つまり、欧米基幹航路が就航する東アジア域内大港湾を中心とした域内航路ネットワークのなかに、それ以外の中小港湾は統合されているのである。そして欧米基幹航路と東アジア域内航路をつなぐ結節点になっているのが国際ハブ港である。

東アジア域内で現在、国際ハブ港として本格的に機能しているのは、プサン港、高雄港、香港、シンガポール港等の大港湾である。上海港等の中国の大港湾等以外のほとんどの東アジア域内港湾は、多かれ少なかれこれら国際ハブ港を欧米基幹航路やその他の航路の結節点としている。それは換言するならば、それ以外の港湾はこれら国際ハブ港湾のフィーダー港湾（スポーク）として位置付けられているということである。現在、東アジア規模でのハブ&スポー

ク・ネットワークが形成されているのである。このネットワークが、コンテナ物流の面から東アジア域内の一体性を維持する1つの要因となっている。

(3) 東アジア域内規模での海運市場形成の背景

　東アジア域内規模でのハブ＆スポーク・ネットワークが形成された背景には、当然、今まで論じてきた、技術変化としてのコンテナ物流システム革新の普及と、貨物量の面では中国を中心とする東アジア域内の後発諸国の急速な経済成長、それに伴う貨物量の飛躍的な増大がある。そしてそれに加えて物流面では、海運市場の構造変化が挙げられる。東アジア域内規模で域内航路のネットワークが形成されるとともに、これら域内航路ネットワークの結節点として東アジア規模での国際ハブ港が選択され、この国際ハブ港を結節点として域内が域外とつながるという仕組みは、海運市場の構造変化とそれへの船社の対応によってもたらされた面がある。以下、近年の海運市場の構造変化を、本章の論点に必要な限りにおいて整理しておこう。

　周知のように、かつて世界の海運市場には海運同盟という一種のカルテル組織が航路ごとに存在し、各航路の船腹需給、すなわち、海上輸送サーヴィスの供給量＝船腹量と海上輸送サーヴィスの需要量＝貨物量の間の調整を行ってきた。しかし1980年代中頃以降、とりわけ1984年の米国海運法改正による海運同盟の機能の規制や、それと同時並行的に進んだ海運同盟に参加していない船社、いわゆる盟外船社の台頭等により、現在、海運同盟はそのほとんどが消滅あるいは形骸化している。このことによって船社間の競争は非常に激しいものになっている。

　また技術革新としてのコンテナ化は、船社間の競争激化をもたらすものであった。なぜならばコンテナ物流の普及は、船社による船舶運航管理や港湾管理あるいは貨物情報管理を容易にしたため、盟外船社の新規参入を活発化させたからである。

　このように、海運サーヴィスの供給者である船社サイドでは、供給過剰傾向が定着するなかで、荷主企業は海外進出を果たしてグローバル化し、そのニーズを世界規模でもつようになる。すなわち、航路単位での物流ニーズではな

く、複数の航路にまたがった物流ニーズが当たり前になってきている。また荷主企業はグローバル競争のなかで国境を越えた吸収合併を繰り返しており、巨大化しつつある。つまり、海運サーヴィスの需要者である荷主企業サイドではサーヴィスの買い手が巨大化し、かつ絞られてきており、先述したサーヴィスの供給過剰傾向とあいまって、船社の大荷主企業に対する交渉力を一般的に低下させている。その結果、船社は大荷主企業のニーズである、低コストできめ細かいサーヴィスを提供することを要求されるようになっている。

　このような状況への対応として、船社は船舶の大型化やサーヴィス差別化、あるいはアライアンスの締結等を行っている。

　船舶の大型化とは、船舶を大型化することによってコンテナ１本当たりの輸送コストを引き下げて、コスト競争力をつけるということを目的としたものである。現在、世界の主要な船社が競って8,000TEU以上のコンテナ貨物を積載可能な巨大船を建造・投入している。この船舶の大型化はコンテナ物流ネットワークに１つの副産物をもたらした。それは１回の寄港当たりの必要最低貨物量の増大である。20年ほど前であれば、大型船といえば4,000TEU程度を積載可能な船舶のことであった。ところが現在、最大規模のコンテナ船は１万TEU超の貨物を積載可能である。当然、4,000TEU型船と１万TEU型船では１回の寄港で採算が合う取扱貨物量は後者の方が多くなる。これら巨大船が就航する主要な航路は、遠隔地の巨大産業地帯の間をつなぐ東アジア―欧米基幹航路である。その結果、東アジア域内で欧米基幹航路就航船が寄港する港湾は、膨大な貨物が集荷される特定大港湾に限定される傾向にある。これらの大港湾とは、先にみた国際ハブ港として機能しているプサン港や高雄港、香港、シンガポール港と、地元に膨大なローカル貨物をもつ上海港をはじめとする中国諸港である。

　また船社は巨大船が必要な欧米基幹航路と中小型船できめ細かく集荷する域内航路ですみ分けをするとともに、これらすみ分けをした船社の間で契約を結び、国際ハブ港で円滑にトランシップできる仕組みを作っている。このことも国際ハブ港が限定される要因の１つになっている。

　さらに船社は自社単独でサーヴィスを提供するのではなく、他社と提携＝アライアンスあるいはコンソーシアムを組んで、サーヴィスの総合化、充実を

図っている。それは例えば、複数の船社がアライアンスを組んで、同一航路に重複して船舶を投入する無駄を省き、他の航路に船舶を回すことによってより広い範囲のサーヴィスを提供するといったケースや、同一航路でも複数船社が船舶を同時に投入することによって、1社では提供できなかった船腹量や輸送頻度を確保するといったものである。このアライアンスあるいはコンソーシアムもまた寄港地の限定をもたらす。なぜならば、アライアンスを組む船社はアライアンス単位で東アジアや北米、欧州といったリージョナルな単位での寄港地を絞り込むからである。理論上は、かつては船社の数だけそれぞれのリージョンに寄港地が存在したが、アライアンスを組んだため寄港地を1港に限定するということもありえる。

これら船社の対応はすべて、欧米基幹航路が寄港する港湾をリージョナルな規模で集約するものである。そして集約された寄港地を中心として域内航路が放射線状に張りめぐらされることになる。現在の東アジア経済圏はこのリージョナルなハブ港の存在とそれを中心とした域内航路ネットワークによって支えられているといっても過言ではない。

（4）東アジア物流市場の一体化

今までみてきたように、東アジア域内規模でのハブ＆スポーク・ネットワークが海運市場の構造変化の中で形成されている。それではこのネットワークのなかで海運市場が質的にどのように変容しつつあるのか、次にそれをみてみよう。

1）外航航路間競争の激化と運賃の収斂

前述したように、外航輸送市場は航路ごとに（あるいは往路、復路ごとに）市場が形成されてきた。それは、例えば日韓航路といった形で、日本と韓国との間の貨物輸送サーヴィス需要量と貨物輸送サーヴィス供給量（日韓航路への投入船腹量）という当該航路の需給関係によって運賃が決定されてきた。しかし既述したハブ＆スポーク・ネットワークの東アジア化という状況は、これら航路別に形成されてきた運賃市場の垣根をゆるがしている。すなわち、ダイレクト・ルートとトランシップ・ルートが並存することによって、両者の運賃が近似値に収斂するとともに、単一航路のみでの運賃決定がなし崩しになってきたからである。

日韓航路と日中航路を例にとってみよう。従来、日韓、日中両航路とも、それぞれの需給関係を反映して航路別に一定の運賃水準を示してきた。しかしプサン港がハブ港として台頭するとともに、日中間の貨物輸送量が急激に増加することによって、日韓航路と日中航路および中韓航路の運賃水準は、独特の収斂傾向をみせるようになる。それは日中間の貨物輸送ルートが、後発の日中航路だけでなく、先発のプサン・トランシップ・ルートの2本立てになっていることによる。すなわち、日中間の貨物流動は、1つは日中航路というダイレクト・ルートによってもう1つは中韓航路 ⇒ プサン港でのトランシップ ⇒ 韓日航路というトランシップ・ルートによって処理されており、これら2つのルートが競合しているため、両者の運賃が近くなってきているからである。いうまでもなく、ここでのトランシップ・ルートは中韓航路と韓日航路というもともと別の市場を形成している2つの航路を組み合わせたものであり、したがって日中ダイレクト航路とも別の市場である。

　このように航路ごとに市場が形成されてきた外航定期船輸送市場においても、東アジア規模での航路ネットワークの再編と複雑化によって域内の各航路の垣根がゆらぎ、域圏規模で相対的に市場が融合しつつある。

2）ハブ＆スポーク体制の充実と外航航路間競争の激化

　また船社は、コンテナ船の運航効率の向上のためのきめ細かなハブ＆スポーク・ネットワークを構築しつつある。それは具体的には各航路の長さを今までよりも短くし、それに対応して航路と航路をつなぐリレー・ポイントを多くしているということである。そしてこのリレー・ポイントを、それぞれの地域のハブ港あるいは準ハブ港とするものである。リレー・ポイントを多くすることによって、2つのリレー・ポイントの間の船舶の往復頻度を高めるとともに、これらリレー・ポイントごとに張りめぐらされたフィーダー・ネットワークを使うことで、よりきめ細かな集荷が行えることになる。またこれらリレー・ポイントを中心とした域内ネットワークを組み合わせることによって、より多様な航路スケジュールを作成することができるため、荷主の多様なニーズに応えることが可能となる。

　しかし、このきめ細かなハブ＆スポーク・ネットワークの構築は、すべての

船社が同じ港湾をハブ港として進めているわけではない。それぞれの船社あるいはアライアンスは他の船社やアライアンスとの差別化を図るため、異なる港湾をリレー・ポイントとして選択するケースもある。それによってそれぞれの船社およびアライアンスが提供するネットワーク・サーヴィスは異質なものになるのである。この船社およびアライアンスの行動が港湾間のハブ港争いを加速させ、港湾間関係を流動化させる一因となっている。

3）外航ルートと内航ルートの境界のあいまい化

すでにみたように、外航定期船社は自社支配船のより効率的な配船を行うために、国単位でのハブ＆スポーク・ネットワークを、域圏規模でのそれへと切り替えるとともに、そこでのハブ拠点を、より効率的に貨物を集めることができる港湾に移転させてきた。この外航定期船社の航路合理化行動が、国際ハブ港の移動・流動化をもたらす直接的な背景である。そしてこのことは、内航フィーダー輸送ルートと外航フィーダー輸送ルートがいつでも切り替え可能なものとなっており、したがって内航フィーダー輸送市場と外航フィーダー輸送市場が現実にはほぼ同一の需給関係のなかで、あたかも１つの市場として融合していることを意味している。

4. おわりに

本章でみたように、物流からみた東アジア経済圏の一体化とは、荷主企業の生産システムの変化に基づく水平分業関係の拡大・深化の空間的投影である。それとともに海運市場の面からは、東アジア域内規模で形成されたハブ＆スポーク・ネットワークが、いわば域内企業や産業のインフラとして機能し、東アジア経済圏の一体性を支えている。

それではこのような状況は固定的に続くのか。それについてはいくつかの論点を整理する必要がある。１つは海運市場の構造変化のところでも出てきた、ハブ＆スポーク体制の充実という船社の戦略の影響である。この戦略は世界各地にきめ細かく、また迅速にサーヴィスを提供するための１つの有効な手段になっている。しかしそれは同時に、船社にとってリレー・ポイント間の位置付

けが変化すれば、国際ハブ港機能は容易に移転するということでもある。

例えば現在インド経済は急速に成長しつつあるが、未だ港湾整備は遅れているため、インドの港湾はインド洋の地方港でしかない。しかしインド経済がこのまま順調に発展し、それに伴って貨物量も増大した場合、ある程度の港湾整備さえすれば、インドの港湾はインド洋の真ん中に位置するという地理的優位性も含めて、インド洋のハブ港として機能することになるだろう。さらには東アジアと欧州を結ぶ航路の結節点として、インドの港湾が選ばれる可能性もある。もしもそうなれば、現在、東アジアと欧州の接続拠点として国際ハブ港機能をもつシンガポールは、その機能を低下させるかもしれない。そしてこのことは東アジア域内からの国際ハブ港の流出を意味するものとなる。

もう1つは海上輸送だけではなく、陸上輸送ルートの充実の影響である。現在、再びシベリア・ランド・ブリッジやチャイナ・ランド・ブリッジといった鉄道を使ったコンテナの大量遠隔地輸送の仕組みが徐々に使われるようになってきている。この仕組みは単にシベリアを経由して極東と西ヨーロッパをつなぐという意味合いがあるだけではない。今まで内陸に位置していたがゆえに開発が遅れていた内陸中央アジアの各地域も、コンテナ物流ネットワークに直接組み込まれる可能性が高くなったということが重要なのである。さらに鉄道・道路ネットワークが東南アジアやインド、イラン、中近東、トルコ等とつながると、ユーラシアはあたかもオアシスが点在する草原地帯のように、産業都市群が物流ルートによって結び付けられる巨大な産業空間となる可能性もある。このように海陸両面でコンテナ物流ネットワークは空間的に拡大し、それと連動して産業地域も分散しつつある。

そうした状況になった際に、東アジア経済圏が東アジアという特定の空間で一体性を保ち続けるのかどうか、また保ち続ける必然性があるのかどうか。東アジア経済圏を所与として考えるのではなく、産業面、物流面の両方からこれらの論点を検討する必要がある。

注
1) 以下、グローバル化の説明については津守貴之（1997）を参照。
2) 例えば池上寛・大西康雄編のなかの石川幸一論文（2007）等を参照。
3) 垂直分裂の具体的な事例とそれがもつ意味については丸川知雄（2007）に詳しい。
4) モジュラー型生産については藤本隆宏編著（2001）を参照。
5) EMS型企業については津守貴之（2004）を参照。

参照文献

藤本隆宏編著（2001）『ビジネス・アーキテクチャ』有斐閣.
丸川知雄（2007）『現代中国の産業―勃興する中国企業の強さと脆さ』中公新書.
池上寛・大西康雄編（2007）『東アジア物流新時代』アジア経済研究所―ジェトロ.
津守貴之（1997）『東アジア物流体制と日本経済』御茶の水書房.
津守貴之（2004）「東アジア開発体制の空間的構造」立石剛・星野郁・津守貴之『現代世界経済システム』八千代出版所収（第8章）.

第8章　日中韓港湾間関係の現状と連携の可能性
―コンテナ物流を事例として―

津守貴之

1. はじめに

　本章の目的は次の3点である。①日中韓3国の港湾間関係の現状とその構造的特徴の整理、②日中韓3国における港湾間連携の可能性の検討、③①、②を通した今後の日本の港湾政策のあるべき方向の提示である。

　このような目的を設定する理由は、日本における「コンテナ港湾の国際競争力強化」とそれを実現するための港湾政策の方向と内容が、東アジア域内港湾間関係の客観的な分析に基づいて議論されていないからである。例えば日本港湾の集荷力強化については2つのアプローチがある。1つは主要港の集荷力を強化するというものと、もう1つは後発地方港の機能を強化するというものである。

　これら2つのアプローチは、単純に考えると、主要港を強化すれば地方港は成長しないし、地方港を成長させれば主要港の貨物は減少するため両立しない。そこで主要港の強化の内容を整理することが必要となる。その際、しばしば論じられる整理の仕方が、「欧米基幹航路は主要港、アジア航路は地方港」といものである。この考えは一方で日本の主要港が日本以外の東アジア主要港との競争で劣位にあるという認識、すなわち日本の主要港と東アジア主要港とはまったくの競争関係にあるという認識が前提にあることを示している。

　他方、日本の地方港については次のような認識が前提としてある。日本経済が東アジア域内経済と一体化しつつある、そうしたなか、日本国内の物流と東アジア域内の物流が融合しつつある状況、日本の国土交通省港湾局がいうところの「東アジア物流の準国内物流化」が進展している、この状況においては日本の地方圏は日本以外の東アジア域内諸国・諸地域とのスムーズな連携・交流

を実現させる必要がある、そうしなければ日本の地方圏は東アジア域内の成長構造の中から脱落してしまうことになる、そのためには日本の地方圏の対外的な窓口として当該地方圏の地元港湾である地方港が東アジア域内航路を開設・充実させなければならない、という認識である。

　これら2つの認識はどちらも日本経済と東アジア主要港との関係性を前提としている。すなわち、日本の主要港に関しては東アジア主要港との競争、日本の地方港については東アジア主要港との連携という関係性である。したがって東アジア主要港を軸として、日本の主要港と地方港が、どのような関係性をこれら3つのタイプの港湾相互の間でもっているのか、その構造的特徴は何かを明らかにしなければ、「日本のコンテナ港湾の国際競争力強化」という目的を達成するための前提となる客観的事実を把握することはできない。そしてこの客観的事実の把握がなければ、日本の港湾政策のあるべき姿や方向についても論じることは不可能である。

　現在、日本の国土交通省港湾局はコンテナ港湾機能を特定大港湾に集約させることを建前とした港湾政策である、スーパー中枢港湾プロジェクトの総括作業に入っている。スーパー中枢港湾プロジェクトの実施・展開において国土交通省港湾局が示した見解が、まさに上述した「主要港は欧米基幹航路中心、地方港は東アジア域内航路中心」という役割分担であり、また当該プロジェクトにおける「スーパー中枢港湾における東アジア主要港並みのコストとサーヴィスの実現」という目標設定は、プサン港をはじめとする近隣東アジア主要港と日本主要港の間の競争関係、端的には欧米基幹航路の争奪競争という認識が前提となっているものである。

　本章ではこのような国土交通省港湾局の公式見解・認識がそもそも妥当なものなのかどうかということを検討することによって、スーパー中枢港湾プロジェクトに対する独自の総括と当該プロジェクトをはじめとする、今後の日本の港湾政策のあるべき方向を整理・提示することとしたい。

　このような目的に対応して、本章は以下の構成をとる。第1節において、日中韓港湾関係の構造的特徴を整理するとともに、その構造の中にある3か国港湾間連携の構図と今後の可能性および必要性を明確にする。第2節においては

日本の直近の港湾政策であるスーパー中枢港湾プロジェクトの内容と方向およびその問題点を、日中韓港湾間関係の構造的特徴から明らかにする。そして最後に日本の港湾政策のあるべき方向を提言する。

本章の主張点を先取りすると、以下の通りである。

① 日本港湾全体が東アジア主要港を中心とする東アジア港湾間ネットワークの中に統合されており、日本の主要港湾は日本以外の東アジア主要港の補完港として位置付けられつつある。

② したがって日中韓港湾間連携はすでに部分的に成立している。

③ その結果、日本の港湾政策のあるべき方向は次の2つの方向が考えられる。すなわち、東アジア主要港への国際ハブ港機能の全面依存とその状況の安定的運営か、あるいは日本を複数のブロックに分けて東アジア主要港に国際ハブ港機能を全面依存する地域と国内ハブ機能を維持する地域との2つのタイプの地域ブロックに分けるのかである。

④ どちらの方向を選択するとしても、日本港湾と東アジア主要港の連携を前提とした港湾政策を展開することが現実的であるし、またそれ以外の選択肢はない。

2. 日中韓港湾間関係の現状と特徴

最初に、日本港湾が近隣東アジア諸国の港湾との関係の中で、どのような位置付けになっているのかを客観的に確認しておこう[1]。

(1) 日本主要港の後退と中韓港湾の台頭

表8-1は東アジア域内港湾のコンテナ貨物取扱量ランクである。この表をみるとわかるように、日本以外の東アジア主要港は過去30年の間に急速にそのコンテナ貨物取扱量を増大させている。1980年代以降、次第に香港、高雄、シンガポール、プサンの各港が順位を上げ、上位を占めるようになってきている。また近年、とりわけ急激な取扱量の増加をみせているのが上海港をはじめとする中国の諸港湾である。上海港以外でも深圳、寧波、青島、天津、大連、

厦門等の諸港湾もその取扱量を急増させている。このことは東アジア域内上位15港の中に、中国港湾が9港入っていることからもわかる。さらに毎年、世界1、2位を争っているシンガポール港は当然のことながら、マレーシアのタンジュン・ペラパス港、ポート・クラン港なども順調に取扱量を増加させている。

　一方、日本港湾を見てみると、同じく過去25年の間にその相対的な地位は年々低下していることがわかる。日本の主要港である、いわゆる5大港の世界ランクはかつては高かった。1990年代中頃になるまでは5大港すべてが東アジア域内トップ15港に入っていた。しかし1990年代後半以降、5大港のランクは徐々に低下している。例えば神戸港は1995年の阪神・淡路大震災以降、東アジアのトップ・ポート・グループから完全に脱落している。また現在、日本最大のコンテナ貨物取扱港湾である東京港や第2位の港湾である横浜港でもそのランクは年々下落しており、2002年には横浜港が、2008年には東京港が上位15港から姿を消している。ただし神戸港以外の東京港や横浜港は、絶対量ではその取扱量を増加させている。つまり日本の主要港は絶対量ではコンテナ貨物の取扱量を増加させているが、その増加率が他の東アジア主要港と比べて低いため、相対的なランクが低下しているのである。

　この背景は一義的には、日本発着貨物の伸びの鈍化と日本以外の東アジア諸国発着貨物の急激な増大にある。それはいうまでもなく日本の製造業の空洞化と中国をはじめとする日本以外の東アジア諸国の工業化の進展およびそれに引き続く市場拡大によるものである。このことは国別のコンテナ貨物量の動向を見てみるとよくわかる。表8-2は世界の国別コンテナ貨物量上位20か国の推移をみたものである。この表からもわかるように、1980年代初頭までは日本港湾全体が取り扱ったコンテナ貨物量は世界のコンテナ貨物量全体の9%程度もあり、アメリカの20%に次ぐ大きさであった。ところがその後、日本のシェアが年々、徐々に低下し、1994年には東アジア域内におけるトップ・シェアを香港およびシンガポールに明け渡している。この1994年とは、いうまでもなく阪神・淡路大震災で神戸港が全面的に機能停止する前年であり、また神戸港のコンテナ貨物取扱量が最大になった年でもある。日本港湾の「国際競争力

148　第2部　経済―競争と協力―

表8-1　東アジア域内における

	1978年		1980年		1982年		1984年		1986年		1988年		1990年		1992年	
1位	神戸	145	香港	146	香港	166	香港	211	香港	277	香港	403	シンガポール	522	香港	797
2位	香港	123	神戸	146	神戸	150	神戸	183	高雄	246	シンガポール	338	香港	510	シンガポール	756
3位	高雄	57	高雄	98	高雄	119	高雄	178	シンガポール	220	高雄	308	高雄	349	高雄	396
4位	東京	55	シンガポール	92	シンガポール	112	シンガポール	155	神戸	188	神戸	223	神戸	260	プサン	275
5位	シンガポール	54	横浜	72	横浜	84	基隆	123	基隆	159	プサン	221	プサン	235	神戸	261
6位	プサン	51	基隆	66	プサン	79	横浜	110	プサン	145	基隆	176	基隆	181	基隆	194
7位	横浜	50	プサン	63	基隆	70	プサン	105	横浜	131	横浜	145	横浜	165	横浜	189
8位	基隆	47	東京	63	東京	65	東京	92	東京	125	東京	140	東京	156	東京	173
9位	大阪	23	マニラ	39	マニラ	53	マニラ	49	マニラ	55	バンコク	79	バンコク	102	バンコク	130
10位	マニラ	21	大阪	25	大阪	31	大阪	42	バンコク	51	マニラ	77	マニラ	101	マニラ	116
11位	名古屋	15	名古屋	21	バンコク	26	バンコク	34	名古屋	47	名古屋	67	名古屋	90	名古屋	110
12位	バンコク	12	バンコク	18	名古屋	24	名古屋	30	大阪	47	大阪	52	タンジュンプリオク	64	タンジュンプリオク	87
13位	ポートクラン	10	ポートクラン	13	ポートクラン	16	ポートクラン	24	上海	25	ポートクラン	33	ポートクラン	50	ポートクラン	68
14位	インチョン	5	タンジュンプリオク	8	セブ	11	北九州	18	ポートクラン	24	上海	31	大阪	48	大阪	62
15位	タンジュンプリオク	4	インチョン	5	北九州	9	インチョン	12	タンジュンプリオク	18	北九州	22	上海	46	上海	33

出所：*Containerisation International* 各年版より作成。

第 8 章　日中韓港湾間関係の現状と連携の可能性―コンテナ物流を事例として―　149

日本港湾の地位の低下

(単位：TEU)

1994 年		1996 年		1998 年		2000 年		2002 年		2004 年		2006 年		2008 年	
香港	1105	香港	1346	シンガポール	1510	香港	1810	香港	1914	香港	2198	シンガポール	2479	シンガポール	2992
シンガポール	1040	シンガポール	1294	香港	1458	シンガポール	1704	シンガポール	1680	シンガポール	2060	香港	2354	上海	2798
高雄	490	高雄	506	高雄	627	プサン	754	プサン	944	上海	1456	上海	2171	香港	2425
プサン	321	プサン	473	プサン	595	高雄	743	上海	861	深圳	1365	深圳	1849	深圳	2141
神戸	292	横浜	391	上海	307	上海	561	高雄	849	プサン	1143	プサン	1204	プサン	1343
横浜	232	基隆	232	マニラ	269	ポートクラン	321	深圳	761	高雄	971	高雄	977	寧波	1123
基隆	204	東京	231	東京	217	東京	290	ポートクラン	453	ポートクラン	524	青島	770	広州	1100
東京	181	神戸	223	タンジュンプリオク	213	マニラ	287	塩田	418	青島	514	寧波	707	青島	1032
マニラ	150	マニラ	197	横浜	209	タンジュンプリオク	248	青島	341	タンジュンペラパス	402	広州	660	高雄	968
バンコク	139	上海	193	神戸	190	横浜	232	東京	271	寧波	401	ポートクラン	633	天津	850
タンジュンプリオク	125	名古屋	147	ポートクラン	182	神戸	227	タンジュンプリオク	268	天津	381	天津	595	ポートクラン	797
名古屋	122	タンジュンプリオク	142	レムチャバン	160	レムチャバン	220	タンジュンペラパス	266	タンジュンペラパス	360	タンジュンプリオク	477	タンジュンプリオク	560
上海	113	ポートクラン	141	名古屋	146	塩田	215	レムチャバン	266	レムチャバン	353	レムチャバン	412	レムチャバン	513
ポートクラン	94	バンコク	123	青島	121	青島	212	マニラ	246	東京	336	厦門	402	厦門	503
大阪	65	大阪	99	基隆	116	基隆	195	天津	241	広州	331	東京	397	大連	450

150　第2部　経済―競争と協力―

表 8-2　東アジア域内における日本港湾の地位の低下

(単位：TEU、%)

		1978年	1980年	1982年	1984年	1986年	1988年	1990年	1992年	1994年	1996年	1998年	2000年	2002年	2005年	2006年	2007年
1位	国名	アメリカ	アメリカ	アメリカ	アメリカ	アメリカ	アメリカ	アメリカ	アメリカ	アメリカ	アメリカ	中国	中国	中国	中国	中国	中国
	TEU	6173162	6476727	8730650	11068529	12316639	13543198	15278162	16741880	19018259	20587593	24729085	35483074	55717490	88584873	108824894	128558000
	世界シェア	22.8	21.9	20.6	21.0	20.7	18.6	18.1	16.6	15.2	14.0	14.4	15.7	20.9	22.6	25.2	26.7
2位	国名	日本	日本	日本	日本	日本	日本	日本	日本	香港	中国	アメリカ	アメリカ	アメリカ	アメリカ	アメリカ	アメリカ
	TEU	2917784	2341567	3751036	4758000	5615631	6878722	7851608	8935101	11050030	17926798	21953084	27301313	29674893	38519037	40875454	41625000
	世界シェア	10.8	7.9	8.9	9.0	9.4	9.4	9.3	8.9	8.8	12.2	12.8	12.1	11.1	9.8	9.5	8.7
3位	国名	イギリス	イギリス	イギリス	台湾	台湾	台湾	台湾	香港	シンガポール	日本	シンガポール	シンガポール	シンガポール	シンガポール	シンガポール	シンガポール
	TEU	1996378	2128108	2469901	3026839	4104875	4941023	5430039	7972235	10399400	12943900	15100000	17096036	16938010	23192200	24792400	27932000
	世界シェア	7.3	7.2	5.8	5.7	6.9	6.8	6.4	7.9	8.3	8.8	8.8	7.6	6.4	5.9	5.8	5.8
4位	国名	オランダ	オランダ	オランダ	イギリス	オランダ	香港	シンガポール	シンガポール	日本	日本	日本	日本	日本	日本	日本	日本
	TEU	1695618	1866181	2301786	2896083	3042065	4033427	5225500	7560000	10091194	12381348	10998029	13621229	13501421	16774198	18274198	19908000
	世界シェア	6.3	6.3	3.4	5.5	5.1	5.5	6.2	7.5	8.1	8.4	6.4	6.0	5.1	4.3	4.3	4.0
5位	国名	香港	台湾	台湾	オランダ	イギリス	イギリス	香港	台湾	台湾	台湾	台湾	台湾	台湾	韓国	韓国	韓国
	TEU	1226256	1340966	1902260	2665935	3004805	3681739	5100637	6178870	7296070	8078251	10227914	10510762	11605254	15113275	15711409	16713000
	世界シェア	4.5	4.5	4.5	5.1	5.1	5.0	6.1	5.8	5.5	5.5	6.0	4.7	4.4	3.9	3.7	3.5
6位	国名	西ドイツ	西ドイツ	西ドイツ	西ドイツ	イギリス	オランダ	オランダ	オランダ	オランダ	イギリス	イギリス	韓国	韓国	ドイツ	ドイツ	韓国
	TEU	1176540	1331901	1689686	2108583	2774025	3379910	4016569	4378817	4657313	5090248	6520240	8530451	11542733	13507039	15052751	16640000
	世界シェア	4.4	4.5	4.0	4.0	4.7	4.6	4.8	4.3	3.7	3.7	3.8	3.8	4.3	3.4	3.5	3.5
7位	国名	プエルトリコ	香港	香港	西ドイツ	西ドイツ	シンガポール	ドイツ	ドイツ	イギリス	韓国	韓国	ドイツ	ドイツ	台湾	ドイツ	マレーシア
	TEU	1112535	1303923	1659943	2053982	2254000	3375100	3761184	4201687	4514968	5081182	6331416	7696308	9122320	12791429	13419053	14873000
	世界シェア	4.1	4.4	3.9	3.9	3.8	4.6	4.5	4.2	3.6	3.4	3.7	3.4	3.4	3.3	3.1	3.1
8位	国名	台湾	オーストラリア	オーストラリア	イタリア	シンガポール	西ドイツ	ドイツ	ドイツ	ドイツ	オランダ	オランダ	イタリア	イタリア	マレーシア	台湾	台湾
	TEU	1043327	1036553	1242604	1605648	2203100	2816659	3265747	3601904	4260594	4725206	6061577	6931527	7918288	12027045	13102015	13722000
	世界シェア	3.9	3.5	2.9	3.0	3.7	3.9	3.9	3.6	3.4	3.2	3.5	3.1	3.0	3.1	3.0	2.9

第8章　日中韓港湾間関係の現状と連携の可能性—コンテナ物流を事例として—　151

順位		1	2	3	4	5	6	7	8	9	10	11	12	13	14	15	16
9位	国名	オーストラリア	イタリア	イタリア	シンガポール	ベルギー	韓国	韓国	韓国	中国本土	ドイツ	ドイツ	イギリス	マレーシア	イタリア	UAE	UAE
	TEU	854395	1002195	1239355	1552184	1534700	2205532	2348475	2751006	3878417	4656952	5985772	6525305	7541725	9855451	10967048	13160000
	世界シェア	3.2	3.4		2.9	2.6	3.0	2.8	2.7	3.1	3.2	3.5	2.9	2.8	2.5	2.6	2.7
10位	国名	イタリア	カナダ	フランス	ベルギー	フランス	スペイン	ベルギー	UAE	韓国	UAE	イタリア	オランダ	イギリス	UAE	オランダ	オランダ
	TEU	824352	726280	1221515	1469005	1469979	1725059	1901172	2506422	3212637	3807769	5287358	6402162	7059607	9845930	1044208	11287000
	世界シェア	3.0	2.5	2.9	2.8	2.5	2.4	2.3	2.5	2.6	2.6	3.1	2.8	2.7	2.5	2.3	2.3
11位	国名	フランス	フランス	シンガポール	サウジアラビア	スペイン	スペイン	スペイン	ベルギー	UAE	イタリア	スペイン	スペイン	オランダ	オランダ	スペイン	スペイン
	TEU	714630	928595	1116288	1343330	1457267	1724267	1859057	2399239	3203558	376820	452354	5756069	6741665	9520844	1003177	11148000
	世界シェア	2.6	3.1	2.6	2.5	2.5	2.4	2.2	2.4	2.6	2.6	2.7	2.6	2.5	2.4	2.3	2.3
12位	国名	ベルギー	ベルギー	サウジアラビア	スペイン	韓国	イタリア	イタリア	スペイン	ベルギー	ベルギー	ベルギー	ベルギー	スペイン	スペイン	イタリア	イタリア
	TEU	636289	871103	1048881	1318412	1448225	1631500	1807183	2224890	2864914	3458487	4059828	5057579	6669224	9170109	9962535	10435000
	世界シェア	2.4	2.9	2.5	2.5	2.4	2.2	2.1	2.2	2.3	2.3	2.4	2.2	2.5	2.3	2.3	2.2
13位	国名	カナダ	プエルトリコ	ベルギー	フランス	オーストラリア	オーストラリア	オーストラリア	イタリア	スペイン	ベルギー	フィリピン	UAE	UAE	イギリス	ベルギー	ベルギー
	TEU	620143	802965	1031453	1290080	1376816	1575393	1636359	1890961	2846634	3211476	3166716	5055026	5872244	8598891	8672392	10258000
	世界シェア	2.3	2.7	2.4	2.4	2.3	2.2	1.9	1.9	2.3	2.2	1.8	2.2	2.2	2.2	2.0	2.1
14位	国名	スペイン	サウジアラビア	プエルトリコ	サウジアラビア	カナダ	フランス	フランス	フランス	イタリア	マレーシア	マレーシア	マレーシア	ベルギー	ベルギー	イギリス	イギリス
	TEU	559376	707640	916857	1175542	1146548	1436204	1567511	1833648	2564511	2505801	3014564	4612615	5757388	7889994	8225684	9383000
	世界シェア	2.1	2.4	2.2	2.2	1.9	2.0	1.9	1.8	2.1	1.7	1.8	2.0	2.2	2.0	1.9	2.0
15位	国名	韓国	シンガポール	スペイン	韓国	イタリア	カナダ	UAE	プエルトリコ	オーストラリア	オーストラリア	タイ	インドネシア	インドネシア	ブラジル	ブラジル	インド
	TEU	554118	698306	903017	1177866	1145828	1402455	1563277	1612958	2191735	2384287	2638906	3863569	4539884	5598110	6304849	7372000
	世界シェア	2.0	2.4	2.1	2.2	1.9	1.9	1.9	1.9	1.8	1.6	1.5	1.7	1.7	1.4	1.5	1.5
16位	国名	シンガポール	韓国	韓国	カナダ	プエルトリコ	プエルトリコ	カナダ	インドネシア	インドネシア	フィリピン	フィリピン	フィリピン	オーストラリア	インドネシア	インド	ブラジル
	TEU	538379	632835	786653	1004876	929391	1174033	1524771	1329365	2007281	2260197	2386265	3046713	4373009	5503176	6189794	6454000

152　第2部　経済—競争と協力—

順位	項目											
17位	国名	サウジアラビア	スペイン	カナダ	プエルトリコ	UAE	フィリピン	タイ	インドネシア	タイ	オーストラリア	タイ	オーストラリア
	TEU	498982	612899	766026	918457	920391	1098473	1312604	1912160	2052296	2233394	3502636	3800929	5515213	5689444	6229000
	世界シェア	2.0	2.1	1.9	1.9	1.6	1.6	1.3	1.6	1.5	1.4	1.6	1.6	1.4	1.4	1.3
18位	国名	南アフリカ	南アフリカ	南アフリカ	南アフリカ	サウジアラビア	UAE	フランス	タイ	カナダ	プエルトリコ	タイ	カナダ	インド	タイ	タイ
	TEU	322990	457209	661143	761653	823906	1042637	1301881	1743217	1995843	2071385	3268541	3299668	4938226	5574490	620000
	世界シェア	1.2	1.5	1.6	1.4	1.4	1.4	1.3	1.4	1.4	1.2	1.5	1.4	1.3	1.3	1.3
19位	国名	スウェーデン	フィリピン	フィリピン	フィリピン	フィリピン	サウジアラビア	カナダ	マレーシア	フランス	オーストラリア	カナダ	フランス	オーストラリア	エジプト	エジプト
	TEU	274866	354241	640845	657792	741782	822663	1269580	1731141	1803079	2040251	2927942	3277996	4830254	4916111	5311000
	世界シェア	1.0	1.2	1.5	1.2	1.2	1.1	1.3	1.4	1.2	1.2	1.3	1.2	1.2	1.1	1.1
20位	国名	デンマーク	スウェーデン	UAE	UAE	南アフリカ	ブラジル	中国本土	カナダ	インドネシア	パナマ	フランス	フィリピン	カナダ	カナダ	フランス
	TEU	240699	344258	411380	598037	617489	815188	1240509	1681716	1764392	1997372	2924257	3270796	4163424	4309162	4928000
	世界シェア	0.9	1.2	1.0	1.1	1.0	1.1	1.2	1.3	1.2	1.2	1.3	1.2	1.0	1.0	1.0
	国名	その他	その他	その他	その他	その他	その他	その他	その他	その他	その他	その他	その他	その他	その他	その他
	TEU	3057777	3605284	7808209	9273315	10521870	13624941	19470015	23857856	26865330	30172566	44622911	48110498	85977239	89458932	99709000
	世界シェア	11.3	12.2	18.5	17.6	17.7	18.7	19.3	19.1	18.2	17.6	19.8	18.1	21.9	20.8	20.7
	国名	世界計	世界計	世界計	世界計	世界計	世界計	世界計	世界計	世界計	世界計	世界計	世界計	世界計	世界計	世界計
	TEU	27038796	29569736	42299888	52711948	59449332	72928023	100734472	124963605	147348255	171528276	225294025	266337242	391882766	429800000	480945000
	世界シェア	100.0	100.0	100.0	100.0	100.0	100.0	100.0	100.0	100.0	100.0	100.0	100.0	100.0	100.0	100.0

出所：表8-1に同じ。

の低下」が一般的に論じられるようになった契機は、阪神・淡路大震災による神戸港の機能停止とその後の停滞であるが、それ以前から東アジア域内における日本からその他の東アジア域内諸国への製造業の移転により、貨物量の発生の中心が大陸アジアに重心を移していたことがわかる[2]。それに対して香港を含めた中国やシンガポール、台湾、韓国、マレーシア等のシェアは上昇あるいは上位に位置している[3]。

　以上みてきたことから、日本の主要港の東アジア域内における地位は低下していること、それは逆にいうならばその他の東アジア主要港の地位が上昇していること、コンテナ港湾の東アジア域内ランクの変化をもたらす要因は、一義的にはその港湾の後背地における貨物発生量であることがわかる。つまり日本の港湾は主要港を含めて貨物量が他の東アジア主要港と比べて少なくなっており、日本の主要港の「国際競争力強化」のためには貨物量を増やす手立てが必要なのである。また貨物量の発生地点が東アジア域内に移転しており、東アジア域内港湾との貨物のやりとりなしには日本港湾の成長は見込めないのである。

（2）日本港湾間の消長

　日本港湾が東アジア域内でその相対的な地位を低下させていることは確認できたが、一方で神戸港のように絶対的なコンテナ貨物取扱量そのものが停滞している港湾もあれば東京港や横浜港のように絶対量では漸増している港湾もある。また、日本には約65のコンテナ船寄港港湾があり、すべてが同じ傾向を示しているわけではない。そこで次に、日本国内の港湾間関係がどのような構造をもっているのかを考察してみよう。考察のポイントは、①主要港である5大港とそれ以外の地方港との間の関係、すなわち、国内港湾機能が集約傾向にあるのか分散傾向にあるのか、また国内港湾機能の内容がどのように変化しつつあるのかという点と、②主要港間の関係の変化、すなわち、主要港の間での消長と機能分担の変化という点である。

1）主要港－地方港間シェアの変化

　まず主要港―地方港間関係をみてみよう（表8-3、表8-4）。主要港の国際コンテナ貨物取扱全国シェアは、近年まで低下傾向をみせてきた。これは地方

港が全国シェアを上昇させてきたということであり、したがって日本のコンテナ港湾機能が地方に分散してきたことを意味している。この傾向は2004年まで続き、その結果、主要港の全国シェアは1990年の約90%から2004年以降は75%程度まで低下した。ただし2004年までこの傾向が続いたと書いたように、2004年以降は地方港のシェアが再び低下傾向をみせている。これは地方港が特定大荷主のコスト重視型貨物の取扱いに特化してきたことによるものと考えられる。地方港は地元の特定少数の大荷主の輸出入活動の動向にその成長を大きく規定されてきた。現在、これら大荷主の輸出入活動が一巡して伸び悩んでいること等が地方港の全国シェアの低下・停滞傾向をもたらしている。こ

表8-3　5大港、地方港のコンテナ貨物取扱量推移（TEU）

年	全国計	5大港計	京浜港	東京港	横浜港	名古屋港	阪神港	大阪港	神戸港	地方港計
1990	7344344	6768770	2976137	1328244	1647893	897781	2894852	505996	2388856	575574
1991	8019770	7321846	3326127	1529751	1796376	1001055	2994664	561557	2433107	697924
1992	8324666	7564929	3424033	1537243	1886790	1097986	3042910	632601	2410309	759737
1993	8662551	7781849	3444046	1276252	2167794	1154928	3182875	679879	2502996	880702
1994	9561730	8549047	3824202	1507099	2317103	1224422	3500423	795497	2704926	1012683
1995	10070156	8745569	4572726	1845568	2727158	1477359	2695484	1350330	1345154	1324587
1996	10538173	9060241	4341301	2006862	2334439	1469186	3249754	1177479	2072275	1477932
1997	10812437	9063561	4416953	2089009	2327944	1498137	3148471	1204263	1944208	1748876
1998	10545482	8713483	4225401	2168543	2056858	1431365	3056717	1155980	1900737	1831999
1999	11552601	9325011	4528552	2398973	2129579	1536542	3259917	1268237	1991680	2227590
2000	12685410	10170965	4899749	2637974	2261775	1757850	3513366	1474201	2039165	2514445
2001	12372729	9822876	4781780	2535841	2245939	1736089	3305007	1502995	1802012	2549853
2002	12775980	10047820	5013332	2712348	2300984	1789644	3244844	1496907	1747937	2728160
2003	13812245	10788159	5483265	3074794	2408471	1929864	3375030	1609611	1765419	3024086
2004	15046151	11696403	5964773	3358257	2606516	2155416	3576214	1725568	1850646	3349748
2005	15764177	12313034	6318910	3592319	2726591	2307155	3686969	1802309	1884660	3451143
2006	16624319	13073129	6669594	3695852	2973742	2512797	3890738	1906058	1984680	3551190
2007	17162815	13529978	6899858	3718536	3181322	2638452	3991668	1972685	2018983	3632837
2008	17157087	13551990	6931173	3727302	3203871	2630524	3990293	1950008	2040285	3605097

出所：港湾近代化促進協議会資料より作成。

第8章　日中韓港湾間関係の現状と連携の可能性―コンテナ物流を事例として―　155

表8-4　5大港、地方港のコンテナ貨物取扱量シェアの推移

(TEUベース、%)

	5大港計	京浜港			名古屋港	阪神港			地方港計
			東京港	横浜港			大阪港	神戸港	
1990年	92.2	40.5	18.1	22.4	12.2	39.4	6.9	32.5	7.8
1991年	91.3	41.5	19.1	22.4	12.5	37.3	7.0	30.3	8.7
1992年	90.9	41.2	18.5	22.7	13.2	36.6	7.6	29.0	9.1
1993年	89.8	39.7	14.7	25.0	13.3	36.7	7.8	28.9	10.2
1994年	89.4	40.0	15.8	24.2	12.8	36.6	8.3	28.3	10.6
1995年	86.8	45.4	18.3	27.1	14.7	26.8	13.4	13.4	13.2
1996年	86.0	41.2	19.0	22.2	13.9	30.9	11.2	19.7	14.0
1997年	83.8	40.8	19.3	21.5	13.9	29.1	11.1	18.0	16.2
1998年	82.6	40.1	20.6	19.5	13.6	29.0	11.0	18.0	17.4
1999年	80.7	39.2	20.8	18.4	13.3	28.2	11.0	17.2	19.3
2000年	80.2	38.6	20.8	17.8	13.9	27.7	11.6	16.1	19.8
2001年	79.4	38.7	20.5	18.2	14.0	26.7	12.1	14.6	20.6
2002年	78.6	39.2	21.2	18.0	14.0	25.4	11.7	13.7	21.4
2003年	78.1	39.7	22.3	17.4	14.0	24.5	11.7	12.8	21.9
2004年	77.7	39.6	22.3	17.3	14.3	23.8	11.5	12.3	22.3
2005年	78.1	40.1	22.8	17.3	14.6	23.4	11.4	12.0	21.9
2006年	78.6	40.1	22.2	17.9	15.1	23.4	11.5	11.9	21.4
2007年	78.8	40.2	21.7	18.5	15.4	23.3	11.5	11.8	21.2
2008年	79.0	40.4	21.7	18.7	15.3	23.3	11.4	11.9	21.0

出所：港湾近代化促進協議会資料より作成。

のことは地方港が傾向的に成長し、そして将来、主要港並みの大港湾になることが難しいことを物語っている。

2）主要港間での消長

すでに触れたように、日本の主要港の間でもコンテナ貨物取扱量を順調に伸ばしている港湾と停滞させている港湾とに分化している。表8-3、表8-4は日本の主要港である東京、横浜、名古屋、大阪、神戸のいわゆる5大港それぞれ、東京、横浜を合わせた京浜港、大阪、神戸を合わせた阪神港および5大港以外の地方港に分けて、コンテナ貨物の取扱量全国シェアの推移も示したも

のである。この表が示していることは次の3点である。すなわち、①もともと京浜港と阪神港の2つの港湾が日本全国シェアの40%程度を扱っていたこと、このことからもわかるように、かつては日本はこれら2つの港湾を国際物流拠点港としてもっていたこと、それが過去20年の間、京浜港の地位は一定であるが、阪神港の地位が一方的に低下していること、その結果、「東高西低」傾向が定着していること、②京浜港と阪神港は、それぞれ横浜港と神戸港が中心であったこと、ただし京浜港においては東京港が、阪神港においては大阪港のシェアが傾向的に上昇していること、③名古屋港のシェアが次第に上昇しているが、阪神港と名古屋港を合わせるとほぼ40%となり、もともとの阪神港のシェアと同等になること、である。

　日本の主要港の間で成長している港湾と停滞している港湾がある理由は次の3つである。第1に、日本全体にいえることで、貨物量でみるならば輸出よりも輸入が増えているため、輸出主導の港湾よりも輸入主導の港湾の方が成長する傾向にある。このことは東西では横浜港よりも東京港が、神戸港よりも大阪港が成長していることに現れている。名古屋港は輸出港として成長しているが、これは日本の産業構造が変化するなかで輸出貨物が家電や繊維製品などから自動車部品等に絞り込まれていった結果である。第2に東京港と横浜港がそれぞれ一定の成長をみせているのは、東京一極集中という状況のなかで産業、とりわけ消費市場が関東に集中したことによる。第3に神戸、大阪、名古屋の3港の集荷圏は重複しており、もともとこれら3港の機能は神戸港に集約されていたことである。神戸港と大阪港が停滞している理由のうちの2つは、①神戸港と大阪港で同じ集荷圏の貨物を奪い合っていることと、②もともと神戸港の補完港であった名古屋港が神戸港から「自立」したため、これら3港が重複する集荷圏内で集荷競争を展開しているためである。

　このように日本の場合、主要港といっても産業構造と産業集積が変化するなかで、港湾成長の「東高西低」という状態になっており、とりわけ東海地方以西の西日本は主要港が過剰に配置されている状況にある。

3）主要港の国内集荷圏の縮小

次に空間的側面から日本の主要港の機能の変化をみてみよう。表8-5、表8-6は関東、東海、近畿という、いわゆる3大都市圏以外の地方圏で、生産あるいは消費されるコンテナ貨物がどの程度、5大港経由で輸出入されているのか、その変化を時系列的にみたものである。この2つの表を見ると、1980年までは地方圏で生産・消費されたコンテナ貨物のほとんどが5大港経由で輸出入されていたが、その後、その比率は徐々に低下していることがわかる。そして地方圏貨物で5大港経由で輸出入されない貨物はどこで輸出入されるようになっているのかというと、その多くは地元地方港で取扱われている。前述した地方港が取り扱うコンテナ貨物の全国シェアが上昇傾向を示していたという事実は、この地方圏の5大港離れを別の角度からみたものである。これは日本のコンテナ

表8-5　輸出コンテナ貨物の5大港依存度の変化

（トン・ベース／％）

	1970年	1975年	1979年	1985年	1989年	1993年	1998年	2003年	2008年
北海道	99.7	86.6	65.1	92.0	38.4	68.9	39.2	20.9	24.7
東　北	99.9	99.1	99.4	98.0	97.7	97.5	78.7	69.1	76.1
北　陸	98.2	99.0	99.8	98.1	94.1	91.5	79.4	66.4	61.4
中　国	99.5	99.4	98.7	93.0	88.9	75.8	60.2	36.6	41.1
四　国	99.9	100.0	99.9	98.8	97.7	96.1	86.8	70.5	73.0
九　州	99.7	97.9	95.7	67.2	56.9	40.5	23.1	11.1	9.4
沖　縄	－	6.5	100.0	35.8	8.6	21.3	8.0	2.2	0.5

出所：国交省港湾局他『全国コンテナ貨物流動調査報告書』各年版より作成。

表8-6　輸入コンテナ貨物の5大港依存度の変化

（トン・ベース／％）

	1970年	1975年	1979年	1985年	1989年	1993年	1998年	2003年	2008年
北海道	98.2	98.2	99.0	94.7	48.1	58.0	29.5	13.1	16.0
東　北	96.7	99.9	100.0	98.2	94.9	95.5	73.4	52.8	52.7
北　陸	100.0	98.8	99.4	98.2	81.3	71.6	42.6	34.5	36.0
中　国	96.9	96.3	97.1	86.8	81.9	78.5	56.3	36.2	35.2
四　国	100.0	96.0	96.9	83.7	85.8	90.1	68.0	58.7	53.1
九　州	92.1	94.1	86.5	50.4	36.0	23.9	9.9	4.5	4.2
沖　縄	－	21.3	43.8	40.1	27.0	11.3	5.1	4.7	4.6

出所：同上。

港湾活動がそれぞれに地方ごとに拡散しているということを意味している。

したがって日本全体でみるならば、主要港から地方港への分散と主要港間での分散という二重の意味での分散傾向がこの 20 年あまりの間、定着してきたと言える。

(3) 東アジア域内港湾間関係の中の日本港湾

次に、日本国内での二重の意味でのコンテナ港湾活動の分散傾向が、東アジア規模ではどのように反映しているのかをみてみよう。

1) 日本港湾の東アジア主要港への依存

表 8-7 は日本港湾の海外トランシップ比率を示したものである。この表が示していることは、日本の港湾は地方港だけでなく、主要港も含めて海外トランシップ比率が上昇しているということ、すなわち、例えば輸出の場合、日本港湾から目的地の港湾に直接コンテナ貨物が運ばれているのではなく、いったん東アジア主要港に持って行って、そこで積み替え（トランシップ）されて目的地の港湾に運ばれている比率が上昇しているということである（輸入の場合は貨物の動きが逆になる）。

これはすでにみたように、日本以外の東アジア域内諸国の貨物量が急激に増加するなかで、船社の航路ネットワークが日本主要港中心のそれから東アジア主要港中心のそれに変わっていることによるものである。このことは端的には日本に寄港する欧米基幹航路の便数の減少という事態によって示される（表 8-8）。通常、トランシップは比較的近距離である東アジア域内航路と遠距離である欧米基幹航路とをつなぐために行われる。それは欧米基幹航路に就航している船舶が巨大船であり、東アジア域内航路のそれが中小型船であることからもわかるように、欧米基幹航路の船舶が寄港している大港湾に東アジア域内貨物が域内航路によって集められて欧米に輸出されている（輸入の場合はその逆）からである。いうなれば、現在、東アジアにおける港湾間関係は東アジア域内規模でのハブ＆スポーク・ネットワークの形成によって規定されており、そのなかでの日本港湾の位置付けはハブ港ではなくフィーダー港となりつつある。このような日本以外の東アジア主要港の東アジア域内規模でのハブ港化と

表8-7 日本港湾の海外トランシップ比率の上昇

		日本港湾全体	スーパー中枢港湾	地方港
合　計	1998年	5.4%	2.7%	18.3%
	2003年	15.6%	10.3%	37.1%
	2008年	18.0%	12.3%	41.5%
輸　出	1998年	4.1%	1.2%	16.6%
	2003年	15.6%	11.4%	31.7%
	2008年	23.0%	16.8%	47.5%
輸　入	1998年	6.6%	4.9%	20.0%
	2003年	15.6%	9.6%	41.3%
	2008年	14.9%	9.6%	37.5%

出所：表8-5に同じ。

表8-8 欧米基幹航路の日本5大港寄港状況
(便数)

港湾名	1995年	2001年	2006年	2008年
香　港	60	83	83	70
シンガポール	46	47	49	44
上　海	1	18	48	58
プサン	27	41	51	45
東　京	29	25	28	21
横　浜	31	24	21	18
名古屋	25	21	18	18
大　阪	16	13	8	4
神　戸	42	29	20	17

出所：国土交通省港湾局資料。

いう状況に対応して成長したのが日本の地方港である。

　日本の地方圏は日本の主要港をハブとするのではなく、東アジア主要港をハブとすることによって地元地方港を利用することができるようになった。このことは表8-7に示されている地方港の海外トランシップ比率の異常な高さによっても示されている。また最初に示した「日本港湾の国際競争力低下」という議論は、そういう意味では、日本港湾全体の競争力低下という議論ではなく、あくまでも日本の主要港の国際競争力の低下である。それは日本の主要港

が東アジア域内のハブ港としての機能を低下させているということであるとともに、日本国内のハブ港としての機能低下でもあるということである。

したがって「欧米基幹航路は日本の主要港、東アジア域内航路は日本の地方港」という役割分担は意味をなさない。というのも、「地方港は東アジア域内航路を開設する」と言っているが、その東アジア域内航路で取り扱われている貨物の40％程度が東アジア域内で輸出入される貨物ではなく、東アジア主要港でトランシップされてそれ以外の国に運ばれる貨物であるからである。つまり現在の東アジア主要港中心の港湾間ネットワークのもとでは、主要港と地方港の間で航路別に仕分けをしても機能分担にはならないのである。このことは逆に東アジア域内で輸出入される地方圏発着の貨物であっても、主要港で取り扱われなければならないものがあることからも明らかである。例えば地方圏の地元地方港では、中国航路はあるが東南アジア航路がない場合が多い。また中国航路や韓国航路がある地方港は多いが、便数が十分なところは少ない。そうするとその地方港では東アジア域内物流を十分に行うことができないため、主要港に依存しなければならないことになる。

これらのことから、日本の主要港と地方港の役割分担は航路別で考えることはできないこと、他の仕切りが必要であることがわかる[4]。

2） 分散と集約の弁証法

今までみてきた日本港湾全体の競争の構図を整理すると、「分散と集約の弁証法」とでも呼ぶべきものになる。すなわち、国内での二重の意味での分散＝主要港から地方港への分散と主要港間での分散は、東アジア域内規模でみるならば域内集約＝東アジア主要港をハブ港とするネットワークへの日本港湾の統合であり、後者は東アジア域内規模での日本港湾と日本以外の東アジア主要港との間の連携であるということである。このような構造的特徴が生み出された最も大きな要因は、産業配置が日本から日本以外の東アジアに移転していったことと、それに対応して海運ネットワークが東アジア主要港を中心として東アジア規模で再編されたことによる[5]。そうであるならば日本の地方港の成長は東アジア主要港との連携を強化するというだけで達成されるが、日本の主要港の競争力強化については、東アジア規模での港湾ネットワークのなかで、どの

ような空間的な範囲でどのような機能をもつべきなのか、そしてそのためには他の東アジア主要港とどのような関係を構築するべきなのかを客観的、現実的に整理しなければならないことになる。

3） 日本にとってのプサン港のハブ機能維持の重要性

日本をめぐる東アジア域内の港湾間ネットワークの構造的特徴が上述した分散と集約の弁証法によって特徴付けられるものであるならば、日本および日本港湾は、主要港、地方港を問わず、日本以外の東アジア主要港との連携を強化する必要がある。なぜならば当面、日本の主要港は東アジア主要港と競争できるだけの根拠である貨物量が絶対的に不足しているからである。連携の必要はとりわけプサン港について当てはまるものである。例えば、2008年のプサン港のトランシップ貨物をみてみると（表8-9）、プサン港はプサン港が取扱っている日本貨物の半分程度をトランシップしていることがわかる。このことは日本が事実上、プサン港をハブ港として利用していることを意味しており、プサン港はすでに日本にとって必要な港となっているといえる。また東アジアの中でも日本や韓国および北部中国は北端に位置する。そして東アジアの産業集積地域は次第に南および西に移動しつつある。そうしたなかで欧米基幹航路の北東アジア寄港を維持するということでは、日本と韓国および北部中国は共通の利害を有する。このことは特に西向きの航路である欧州航路についていえる。

そしてプサン港についてもそのハブ港としての位置は安定しているわけではない。中国港湾のプサン港からの自立化が徐々に進んでいるからである。表8-7にもあるように、プサン港でトランシップされる貨物の最大の発着国は中国である。ところが中国ではプサン・トランシップを使わないダイレクト・ルートの開設が進んでいる。その直接的な背景は、中国港湾の施設整備の急速な進展である。中国港湾のプサン港からの「自立化」が進むとプサン港の貨物量は大きく減少し、国際ハブ港としての機能も低下する。そうすると欧米基幹航路と日本をつなぐトランシップ拠点が上海港など、より遠隔地に移る可能性つまり北東アジアから国際ハブ機能が消失する可能性があり、日本および日本港湾にとっても重大な環境変化となる。

表8-9 プサン港の国際トランシップ貨物の主要発着国

(2008年、単位：1000TEU,%)

		合計	ダイレクト	トランシップ
中国	取扱量	3089	1490	1600
	構成比	100.0	48.2	51.8
	対前年比	-2.7	-0.7	-4.4
アメリカ	取扱量	2180	1208	972
	構成比	100.0	55.4	44.6
	対前年比	-4.3	2.5	-11.5
日本	取扱量	2143	1077	1066
	構成比	100.0	50.3	49.7
	対前年比	2.8	1.8	3.7
ロシア	取扱量	456	299	157
	構成比	100.0	65.6	34.4
	対前年比	5.5	3.1	10.5
カナダ	取扱量	314	129	185
	構成比	100.0	41.1	58.9
	対前年比	4.8	1.8	7.0
UAE	取扱量	307	205	103
	構成比	100.0	66.8	33.6
	対前年比	29	41.3	9.8
オーストラリア	取扱量	301.0	182	120
	構成比	100.0	60.5	39.9
	対前年比	9.9	0.1	29.2

出所：プサン港湾公社資料より作成。

4) Sea&Rail ルートの一般化

　一方、ここ数年、ユーラシア規模での鉄道を利用したコンテナ貨物の輸送システムが再整備されつつある。具体的にはシベリア・ランド・ブリッジやチャイナ・ランド・ブリッジの再開とその活用である。現在、シベリア・ランド・ブリッジはまだその総合的な利便性とコストの面で海上輸送と比べると、必ずしも競争力があるわけではない。しかし極東と西欧・ロシアを20日間程度で結ぶことができるため、スエズ運河経由の欧州航路の海上輸送日数である40日間程度を3分の2から半分程度に短縮することになる。またユーラシ

アを鉄道で陸送するルートは、単に極東と欧州とをつなぐだけでなく、極東と中国内陸部さらには中央アジア、イラン・中近東あるいはインド、東南アジアの間を結ぶことができる。それはコンテナ物流システムを基盤として、ユーラシア規模での鉄道輸送ネットワークと海上輸送ネットワークが連結されることを意味している。このことは、日本にとっては、ユーラシア規模での鉄道輸送ネットワークの窓口である大陸アジアの港湾との緊密なルートが必要であるということに他ならない。大陸アジアの窓口港湾とは現在のところロシアの諸港湾であり、また中国の諸港湾である。

韓国はユーラシア大陸の一部をなすが、現在、実質的には交流面では「陸の孤島」状態にある。それは半島の北半分に北朝鮮があり、また北朝鮮を通って中国、ロシアとつなぐルートが使われていないからである。しかしこのような「陸の孤島」状態も永続的なものではない。将来的には半島が自由に往来できるようになるであろう。そうなればプサン港はシベリア・ランド・ブリッジやチャイナ・ランド・ブリッジと日本をつなぐ有力な窓口になる。

このように日本は単に日本発着貨物量の相対的なシェアの低下という要因によって東アジア域内主要港へ国際ハブ機能を、少なくとも部分的に、依存しなければならないというだけでなく、島国日本はユーラシア規模での新たな物流ネットワークへ円滑に連結することが必要であるということからもユーラシア大陸との窓口である東アジア域内主要港との関係を緊密化させなければならない状況にある。

3. 日本の港湾政策の展開と問題点
―スーパー中枢港湾プロジェクトを中心に―

今まで東アジア港湾間関係の構造的特徴とそのなかでの日本港湾の位置付けを整理してきた。ここでは「日本の主要港の競争力強化」を目的とした日本のスーパー中枢港湾プロジェクトの内容とその問題点を整理する[6]。

(1) スーパー中枢港湾プロジェクトの目標と内容

1) スーパー中枢港湾プロジェクトの目標

　国土交通省によると、スーパー中枢港湾プロジェクトの基本的な目標は、「おおむね3～5年間でアジア諸国の主要港湾を凌ぐコスト・サービス水準の実現」である。そしてこの目標を数値的に示したものが「港湾コストはプサン港、高雄港並みに約3割低減、リードタイムは現状3日から4日をシンガポール港並みの1日程度に短縮」という文言である。

　このような目標を達成できる見込みのある港湾をスーパー中枢港湾として指定するということになるわけであるが、その際、この「見込み」を判断する基準が表8-10である。

　「国家経済・社会に対する効果」はすでに述べた数値目標である。「コンテナ港湾としての規模」については、ある一定以上の貨物量の取扱いが必要であるという形で指定される港湾が、主要港に限定されることになっている。また「次世代高規格コンテナターミナルの形成」は、大量貨物取扱い機能および超

表8-10　スーパー中枢港湾指定のための基準の概要

a）国家経済・社会に対する効果 　　広域連携と目標（コストの3割減、リードタイム1日）達成に向けた明確な戦略
b）コンテナ港湾としての規模 　　5年度の取扱い目標＝400万TEU／年を達成。ただし「戦略的に重要な場合についてもこれに配慮し判断」
c）次世代高規格コンテナターミナルの形成 　　①次世代高規格コンテナターミナルの形成 　　　　岸壁延長＝1000m以上に相当する効率性の確保 　　　　岸壁水深＝－15m以上 　　　　ターミナルの奥行き＝平均500m程度に相当する蔵置能力 　　②一体的なターミナルオペレーション引き受けの可能性
d）ターミナルオペレーターの経営環境整備に関する施策 　　①官民一体となった協力体制の構築 　　②IT基盤および背後交通網との円滑なアクセス手段の確保 　　③港湾を核としたロジスティクス機能の拡充
e）スーパー中枢港湾で実施される施策・戦略の革新性

出所：国土交通省資料。

巨大船対応をハード面で保証することが必要であることを示している。加えて「一体的なターミナルオペレーション引き受けの可能性」という文言は、次世代高規格コンテナターミナルを効率的に運営する経営体についても一元的な管理・運営ができるものを用意する必要があることを示唆している。「ターミナルオペレーターの経営環境整備に関する施策」については、前述した一元的なターミナルの管理・運営を行う経営体を育成・強化するために、港湾管理者である地方自治体と当該港湾の民間事業者の協力関係に基づいて環境整備をすることができるかどうかを問うものである。そして最後の「スーパー中枢港湾で実施される施策・戦略の革新性」とは、スーパー中枢港湾に立候補する各港湾独自の施策・戦略が特例扱いするに足りるものであるかどうかをみるものである。

2） スーパー中枢港湾プロジェクトの全体構図

スーパー中枢港湾プロジェクトは主にハードの施設整備を中心とするものであるが、それとともにソフト施策も併せもつものである。以下、ハードとソフトに分けて、当該政策の全体構図を整理してみよう。

① ハードの施設整備（高規格コンテナ・ターミナルの整備）

スーパー中枢港湾プロジェクトのハード面の中心は、高規格コンテナ・ターミナルの整備施策である。

表8-10に掲げられている「次世代高規格コンテナターミナルの形成」という項目は、まさにこの点を示したものである。すなわち、ハード面では、大水深（－15m以上）の連続3バース分（1,000m）以上の岸壁と奥行き500mのヤードという、従来の日本のコンテナ・ターミナルにはない「大規模ターミナル」の整備と、巨大コンテナ船の荷役作業ができる22列対応のガントリー・クレーンを設置する等である。これらの施設整備によって主に欧米基幹航路に就航している巨大コンテナ船が2隻、接岸、荷役ができるとともに、その巨大コンテナ船と外内航フィーダー船との間でトランシップが可能となる。また巨大コンテナ船が積下ろしする大量のコンテナ貨物を蔵置できるコンテナ・ヤードの広さをもつものでもある。

上述した、大水深の連続3バースをもつ奥行き500mのコンテナ・ヤードは、

もともと世界最大の国際ハブ港湾であるシンガポール等のコンテナ・ターミナルをモデルとしたものである。

② メガ・ターミナル・オペレータの育成

スーパー中枢港湾プロジェクトは、別名「メガ・ターミナル・オペレータ育成政策」といわれるように、スーパー中枢港湾という空間において高効率の港湾物流サーヴィスを提供する経営体を育成することが施策のもう1つの中核をなす。大規模ターミナルの整備によって可能とされる規模の経済の享受と不特定多数の船社へのサーヴィスを提供できる作業体制を保証する「一体的なターミナルオペレーション」を行う経営体の育成を想定したものとされている。これがいわゆる「メガ・ターミナル・オペレータ」と呼ばれるものである。

この経営体は、イメージ的には、世界の巨大コンテナ・ターミナル・オペレータであるハチソン社やPSA、APモラー等の、いわゆる「フェイマス・ファイヴ」をモデルとするものである。つまり今までの日本のコンテナ・ターミナルのように、船社が単独で個々のターミナルを借り受け、当該船社が自社にとっての個別の利便性を追求するコスト・センターとしてのターミナル・オペレータではなく、ターミナル・オペレーションそのものを利益の源泉とする経営体を作り出すことが、少なくとも表面上は、目的とされたのである。

③ 遠隔地アクセスの円滑化

遠隔地アクセスのルートとして、内航フィーダー輸送の活性化・効率化措置を講じるとともに、鉄道輸送と港湾物流の連携を図ることも検討されることとなった。また、コンテナ・ターミナルと内陸との接点であるゲートの出入り管理についても、共通の情報システムを導入することによって複数ターミナルの管理の一元化と効率化を図ることを試みることとされた。

④ 当初の全体構想

上述したスーパー中枢港湾プロジェクトの3つの施策を総合した当該政策の当初の全体構想は、次のようなものであったと考えられる。

まず、スーパー中枢港湾に指定された港湾のなかの特定ターミナルを、「メガ・ターミナル」として指定し、そこに高規格コンテナ・ターミナルの

整備を推進する。すなわち、施設的には岸壁延長連続3バース（1,000m）と−15m以上の大水深バース、および奥行き500m以上のターミナルを整備する。次に担い手としてこれら複数バースをもつ、今までの日本にはない広さのコンテナ・ターミナルを一貫して運営する「メガ・ターミナル・オペレータ」を育成し、これらによって大量貨物の取扱いが可能なターミナルとそこで大量貨物を効率的に取り扱えるオペレータを準備する。これらのことによってターミナル・オペレーションの効率化、すなわちコンテナ貨物1本当たりのコストを引き下げ、近隣の国内他ターミナルおよび国内他港に対する競争力、すなわち、集荷力を強める。集荷力が相対的に強まったならば、今までよりも多くの貨物が当該メガ・ターミナルに集まるため、さらに稼働率が上がり、効率が向上する。そうするとますます集荷力が高まり、さらに効率が上がる。他ターミナルや他港からの集荷については、内航フィーダー輸送ルートや鉄道輸送、トレーラー輸送の利便性を高めることによって対応する、というものである。

⑤ スーパー中枢港湾の指定港

選定作業の結果、2004年に京浜港（横浜港）、東京港、伊勢湾港（名古屋）港、四日市港、阪神港（神戸港）、大阪港の3港湾6港がスーパー中枢港湾として選定された。港湾単位で選定されたのは3港湾で、それぞれ2港連名でスーパー中枢港湾の申請を行ったことによる。この結果、「大交流時代を支える港湾」政策の際に示された最高ランクの港湾分類のなかで、北部九州地区がスーパー中枢港湾から外されるとともに、東京湾では川崎港が、大阪湾では堺泉北港という小規模港湾も外されることとなった。

また京浜港では横浜港本牧埠頭BC突堤間（ターミナル・オペレータ＝横浜港メガターミナル株式会社）、伊勢湾では名古屋港飛島埠頭南側（同＝飛島コンテナ埠頭株式会社）、阪神港では大阪港夢洲地区C10からC12（夢洲コンテナターミナル株式会社）、および神戸港ポートアイランドII期PC15からPC18（神戸メガコンテナターミナル株式会社）がスーパー中枢港湾に第一次指定された。これらターミナルはそれぞれ港運事業者が中心となった複数の民間事業者によって運営されることになっている。

（2）スーパー中枢港湾プロジェクトの問題点

　本章では東アジア域内港湾間関係にポイントを絞っているため、スーパー中枢港湾プロジェクトの問題点についても、それに関わるスーパー中枢港湾の配置問題および集荷システムの問題に論点を限定する。

1）配置政策の欠如

　もともとスーパー中枢港湾は1港のみ、多くても東西2港に絞るということがスーパー中枢港湾プロジェクトを実施する際の前提であった。ところが実際には京浜港、伊勢湾港、阪神港の3地域、それも港湾別では東京、横浜、名古屋、四日市、大阪、神戸の6港が選定されている。日本全体で約1,800万TEUのコンテナ貨物しかない状況の中で、四日市港を除いた5港で単純にこのコンテナ貨物の個数を割ると、1港当たり360万TEUにしかならない。これでは近隣の東アジア主要港と競争できる貨物量にはならない。またすでにみたように、日本の産業構造が変化するなかで、とりわけ西日本は産業の空洞化が進んでおり、名古屋、四日市、大阪、神戸と4つの港湾がそれぞれ拠点性を競える環境にはない。

　また国土交通省の政策スタンスにもぶれがみられる。例えば、2005年7月19日の国土交通省・国際物流施策推進本部が示した「『今後の国際物流施策の課題』を受けての具体的施策の展開」では、「アジア地域が一体的な経済・交流圏へ（相互依存関係の深化）」という言葉で、東アジア域内物流が中国をはじめとした日本以外の東アジア諸国に重心を移すとともに日本がそのなかに統合されているという認識がなされている。また、「物流に対する在庫削減の徹底やきめ細やかな輸配送の要請の高まり」という形で、標準化されたコンテナ物流だけではなく、より多頻度、小口、迅速な物流へのニーズの高まりが一般化している認識がみられる。そしてこれらの状況に対して、「スーパー中枢港湾における基幹航路確保策」と「東アジアとの物流機能を重視した港湾整備」という2つの目的を併記させている。これら2つの課題への対応は、荷主のニーズから考えても当然必要である。しかしそれは政策的には集約と分散という矛盾を抱えたものである。国土交通省はこれら2つの課題への整合的な対応を説得的に示す必要がある。そうしなければ、集約政策から分散政策への後戻

り、つまりスーパー中枢港湾プロジェクトの幕引きとみなされる可能性がある。

2） 広域集荷システム育成の施策の欠如

スーパー中枢港湾プロジェクトでは、コンテナ・ターミナルの高規格化には一定の資金を投入する仕組みになっているが、港湾と後背地を結ぶネットワークの効率化・競争力強化の施策は極めて限定的である。これは国土交通省港湾局の施策は、そのほとんどが港湾という点の整備に限定されていることから生じているものである。そして内陸後背地とのネットワークを構成する道路については国土交通省道路局が、遠隔地の地方港とのネットワークを支える内航フィーダー輸送ルートについては国土交通省海事局が管轄している。このように同じ国土交通省の中でも、関係する各局が縦割りで存在するため、国内ネットワーク構築政策が十分に展開されていない。

以上検討してきたように、現在の日本の港湾政策であるスーパー中枢港湾プロジェクトは、東アジア域内、とりわけ韓国、中国の主要港と日本の主要港の間の関係性を前提として考え出されたものとは言い難い内容と方向になっている。とりわけ東アジア主要港との競争関係と連携関係のなかで、日本国内のどこの地域のどのような貨物をターゲットとして集荷すべきなのかという視点がまったく欠落している。このことはスーパー中枢港湾プロジェクトが配置政策をもたないこと、つまり日本の主要港のどれを強化するのかという絞り込みが不足していることと、絞り込んだ港湾の間の関係が競合関係になっているかどうかを考慮していないこと、さらにその結果として国内集荷システムの構築政策が不十分であることによって明らかである。

4. 日本の港湾政策のあるべき方向

最後に日本を取り巻くコンテナ定期船輸送市場の状況と、それに規定された東アジア域内港湾間関係の再編成、日本の港湾政策の現状の3つの点から、これからの日本の港湾政策のあるべき方向を整理しておこう。

(1) 2つの方向

日本の港湾政策のあるべき方向は次の2つである。すなわち、①日本港湾を主要港を含めてすべてプサン港をはじめとする日本以外の東アジア主要港のフィーダー港とするという方向と、②日本主要港のうち1つないし最大でも2つの港湾を選び、そこに国内ハブ機能を維持するという方向である。

日本のコンテナ港湾政策の基本的方向は大きく分けて次の2つになる。

① 東アジア域内港湾間ネットワークへの全面的な依存

日本の港湾すべてを他の東アジア域内主要港湾のフィーダー港と位置付け、国際・国内ハブ機能のほとんどを東アジア域内主要港に移転するそのことによって南北に細長い国土をもつ日本の各地域をきめ細かい外航フィーダーで世界各地とつなぐという方向である。

② 日本主要港の国内ハブ機能の部分的維持

前述したように日本は南北に細長い国土をもつため、日本の地方圏の貨物をすべて日本主要港に集約することは困難である。したがって貨物を集約できる地域を限定して、これら地域に関しては限定された日本主要港に貨物が集約されるネットワークを再構築する。具体的には、京浜港と神戸港（あるいは名古屋港）に国内ハブ機能を集約させ、京浜港は関東・東東北・東海、神戸港は関西、瀬戸内（名古屋港の場合は、東海、関西）の貨物を集約させるという方向である[7]。

例えば表8-11にあるように、日本を上記ブロックに分けると貨物量が関東、東海、瀬戸内の

表8-11 日本各ブロックの貨物量シェア
（トン・ベース、％）

		輸 出	輸 入
環日本海地域		4.8	5.4
	北海道	0.9	1.4
	西東北	0.7	0.6
	北 陸	2.7	3.0
	山 陰	0.5	0.4
九 州		7.6	6.6
関東圏		29.9	37.4
	東東北	4.2	2.6
	関 東	25.7	34.8
東 海		33.1	21.2
瀬戸内圏		24.4	29.2
	近 畿	17.0	23.3
	山 陽	5.4	4.2
	四 国	2.0	1.7
沖 縄		0.2	0.3

出所：表8-5に同じ。

各圏で、輸出入それぞれ、2割から3割のシェアになっている。その中で関東のみが輸出が29.9%、輸入が37.4%と輸出入ともに3割程度になっており、一定の貨物量を見込めるため、国内ハブ機能を維持する港湾として京浜両港を選ぶことは妥当である。それに対して東海、瀬戸内は輸出入が2割から3割となっており、これら両圏に国内ハブ港機能を維持するのかどうか、また維持するとしたら神戸港と名古屋港のどちらにするのか、これらの点が課題となる。

(2) スーパー中枢港湾プロジェクトのなかでの日中韓港湾間連携の可能性

日本の港湾政策、とりわけスーパー中枢港湾プロジェクトは、単純に日本の主要港と東アジア主要港の間の競争関係とそれを前提とした日本主要港の対東アジア主要港競争力強化政策と位置付けるだけでは現実的ではない。特に南北に細長い国土をもつ日本は、地方ごとに異なる戦略を採ることが必要である。日本をいくつかの地方ブロックに分割し、日本主要港にハブ港機能を集約させる地方と、プサン港などの東アジア主要港へハブ港機能を積極的に依存させる地方とに分けて、それぞれに集荷ネットワークを構築しなければならない。具体的には日本海側および九州についてはプサン港などの東アジア主要港の集荷圏として外航フィーダー・ネットワークを安定・充実させる政策を講じる。それ以外の地域については基本的に京浜港と神戸港に貨物が集約する国内物流ネットワークを構築する。このことによって日本国内にも国内ハブ機能を維持するとともに、北東アジア地域にプサン港という国際ハブ機能をもつ港湾を維持するということが可能となる。

またSLBやCLBの活発化にみられるように、ユーラシア規模での物流圏が形成されつつある現在、中国港湾との連携を図らなければ日本はユーラシア規模での物流圏との交流を進めることが困難になる。この意味においても日本港湾は、主要港を含めて韓国港湾や中国港湾との連携を進める必要がある。

注

1) 1990年代前半までの東アジア港湾間関係の中での日本の主要港と地方港の関係の分析については津守貴之（1997）を参照されたい。
2) 津守貴之（1994）において、阪神・淡路大震災以前から日本主要港、とりわけ神戸港の国際的、国内的集荷圏の縮小とハブ機能の低下が進んでいることはすでに示していた。阪神・淡路大震災は、このような傾向を一挙に加速させたきっかけになっただけであるといえる。
3) これら東アジア諸国・地域以外にも、アラブ首長国連邦（UAE）やブラジル、インド、エジプト等が近年、そのランクを上昇させている。これは産業が世界的に分散しつつあるなかで、これら諸国も急速に産業化を進めつつあること、UAEについてはドバイが中近東のハブ港の役割を担いつつあることなどが背景にある。これら産業の世界的規模での分散による物流ネットワークの変容については別の機会に論じることとしたい。
4) 日本の主要港と地方港との役割分担をコスト重視型貨物とサーヴィス重視型貨物という概念を使って貨物の物流特性によって分析したものが津守貴之（2001）である。この2つのタイプの貨物については当該論文を参照されたい。
5) 「分散と集約の弁証法」という事態については、詳しくは津守貴之（1997）およびTsumori, Takayuki（1997）を参照されたい。
6) スーパー中枢港湾プロジェクトの中間評価については津守貴之（2007）を参照されたい。以下、スーパー中枢港湾プロジェクトに関する本章の文章は、この論文の一部をアレンジしたものである。
7) 日本を複数のブロックに分けてそのなかの一部をスーパー中枢港湾の集荷圏とし、それに対応した集荷システムを構築するという考えは、スーパー中枢港湾プロジェクトが打ち出された直後に筆者が提案したものである。詳しくは津守貴之（2003）を参照されたい。

参照文献

津守貴之（1994）「東アジア地域における物流活動の空間的再編成―80年代以降の日本のコンテナ物流を事例として―」『岡山大学経済学会雑誌』第25巻4号.

津守貴之（1997）『東アジア物流体制と日本経済』御茶の水書房.

Tsumori, Takayuki（1997）"Internationalization of Local Ports in Japan ― Its Background and Limits ―" in 韓國港灣經濟學會誌 第13輯.

津守貴之（2001）「日本のコンテナ港湾経営の本質的問題点」『岡山大学経済学会雑誌』第32巻4号.

津守貴之（2003）「『神戸港問題』の本質」『コンテナエージ』No.434, September.

津守貴之（2007）「スーパー中枢港湾プロジェクト再考―現時点での当該政策の問題点とその背景―」『港湾経済研究』（日本港湾経済学会）第45号.

第9章　在中国日系企業の競争戦略

榎本　悟

1. はじめに

　改革開放後の中国の経済成長は著しい。1978年に経済開放して以来、中国の実質経済成長率は、2008年までの30年間、年率にして平均9.8%（可、2009、18頁）の伸びを示し、今や国内総生産（GDP）でみると、アメリカ、日本に次いで世界第3位の地位を占めている。また中国は1人当たりGDPの額が2008年、初めて3,000ドルを超えた（可、2009: 18）。しかしながら、2008年9月、リーマン・ブラザーズ破綻に端を発するアメリカ発の金融危機の余波を受けて、中国の経済成長にも陰りがみられるようになった。とはいえ、他国がマイナスの成長率にあえぐなか、依然として中国はプラスの経済成長率を確保している数少ない国の1つである。また、中国政府は年率にして8%成長を至上命題として、4兆元（約52兆円）という大胆な政府支出を行うことで、従来、輸出と投資に偏ってきた中国経済を個人消費に基づく内需主導の経済成長に転換しようとしている（仲、2009: 51）。

　このような歴史的経過のなかで、各国企業は当初、中国の労働力の安さに注目して直接投資を実施し、中国に多くの製造子会社を設立し、そこに生産・輸出基地としての役割を担わせた。ところがやがて中国そのものの国内総生産が爆発的に拡大したことに伴って、1人当たりGDPも大きく伸び、在中国製造子会社は中国国内市場にも目を向けるようになり、中国は「世界の工場」に加え、「世界の市場」としても注目を浴びるようになった（山下、2006: 22-23）。今日、13億人を超える人口を抱える中国市場は、不況にあえぐ各国企業にとってインド同様「大いなる希望」であり、世界で最も魅力的な市場の1つ

であることは間違いない（Saran and Guo, 2005 参照）。

　本章の目的は、中国に進出した日本企業が、「世界の市場」となった中国市場にどのような形で参入し、その市場をどのように開拓し、一定の市場シェアを確保することができたのか、その理由を明らかにする。その際、日本企業はどんな製品を、誰に、どのように提供したのか（清水、2007）、つまり競争相手に対して、どのような競争の方法を用いたのかということを明らかにする。さらに日本企業は一定の市場シェアを確保するだけでなく、それを維持するためにどのような努力をしているのか、また競争相手は誰で、それに対してどういう方法で日本企業は対処しようとしているのか、はたまた中国における新たな消費者の行動はどのように企業間競争に関係してくるのかということを明らかにしたい。加えて、中国において日本企業が現在でも、そして近い将来に向けて遭遇する、あるいは現在すでに遭遇している競争戦略上の問題は何か、ということも併せて明らかにすることである。それはいわば、中国市場でどのように日本企業が生き残るのかということでもある。

2. 中国経済の成長と対中国投資概観

　こうした中国経済の驚異的な成長に対して、また「世界の工場」から「世界の市場」へと転換してきた中国に向けて、日本企業も各国企業と同様、多大な直接投資を行ってきた。そこでまず中国経済の成長とそれに対する日本企業の対中国向け直接投資額の推移を概観しておこう。

　表9-1は1989年以降、2006年までの中国経済の成長を示している。

　この表を見ると、中国経済は1989年、1990年の政治的混乱の時期を除いて、おおむね10%前後の実質経済成長率を達成し、また1人当たりGDPについても、2001年には1,000ドル、そのわずか5年後には倍の2,000ドル、そして、既述のように、その2年後には3,000ドルに達しているのである。

　中国経済のこうした成長に対し、各国企業だけでなく日本企業も対中国投資を活発化させてきた。日本企業の対中国向け直接投資について、単独の統計数値がとれるのは1982年度からであるが、その年から1991年度までのおよそ

第9章 在中国日系企業の競争戦略　175

表 9-1　中国の GDP、実質成長率、1 人当たり GDP の推移

（百万ドル、1 人当たり：ドル）

	1989 年	1990 年	1991 年	1992 年	1993 年	1994 年	1995 年	1996 年	1997 年
GDP	449104	387772	406090	483047	601083	542534	700253	816510	898222
1 人当たり GDP	401	342	353	415	511	457	584	675	736
実質成長率	4.1	3.8	9.0	14.4	13.5	12.7	10.5	9.6	8.8
	1998 年	1999 年	2000 年	2001 年	2002 年	2003 年	2004 年	2005 年	2006 年
GDP	946312	991393	1192836	1316558	1454040	1647918	1936502	2278419	2666772
1 人当たり GDP	768	798	956	1047	1149	1293	1510	1766	2055
実質成長率	7.8	7.1	8.4	8.3	9.1	10.0	10.1	10.2	10.7

出所：国際連合統計局編『国際連合世界統計年鑑』Vol.44、1997 年版、vol.48、2001 年版および Vol. 52、2007 年版より作成。

10 年間の対中国向け直接投資額は年間数億ドルである。1992 年度以降はこれが年間数十億ドルの投資額へと急増する（榎本・張・北川、2005 参照）。

　表 9-2 は 1982 年度以降の日本企業による中国向け直接投資額、直接投資残高ならびに日本企業の全世界向け直接投資額、直接投資残高に占める中国向け直接投資の割合を示している。これによれば 1991 年度までおおむね 10 億ドル以下の直接投資額であるが、その後は一時的な停滞の後、急激に投資額が増大していることがわかる。特に 2005 年度以降、毎年の直接投資額は 60 億ドルに達している。とはいえ、一時は日本企業の対外直接投資の 10％以上が中国向けであったことを考えると、ここ数年はその比率を大きく後退させているのが印象的である。これは日本企業の中国向け投資が一巡したことによるものと考えられるし、また「チャイナプラスワン」により、日本企業が他の地域へ目を向け始めているためでもあろう。ちなみに 2008 年、日本のインド向け直接投資は、中国を抜いて初めてアジア最大の投資先になったことが明らかになっている（『日本経済新聞』2009 年 7 月 18 日朝刊）。もっとも日本企業の全世界向け直接投資残高（ストック）に占める中国向け投資残高の割合は、依然として全体的に伸びる傾向にあることから、毎年の対中国向け直接投資額（フロー）の割合の低下は一時的な傾向であるのかもしれない。また、日本企業の中国向け直接投資については製造業投資が圧倒的に多く、その比率は全体の 70％を超える状況にあるということも大きな特徴の 1 つである（榎本・張・北川、2005 参照）。

176　第2部　経済―競争と協力―

表9-2　海外直接投資年度別推移

(届け出・許可額、百万ドル、届け出・許可年数、件)

	対中FDI	構成比 (%)	FDI総額	対中残高	構成比 (%)	対外残高
1982年度	18	0.2	7703			
1983年度	3	0.0	8146			
1984年度	114	1.1	10155			
1985年度	100	0.8	12217			
1986年度	226	1.0	22320			
1987年度	1226	3.7	33364			
1988年度	296	0.6	47022			110780
1989年度	438	0.6	67540			154370
1990年度	349	0.6	56911			201440
1991年度	579	1.4	41584			231790
1992年度	1070	3.1	34138			248060
1993年度	1691	4.7	36025			259800
1994年度	2565	6.2	41051			275570
1995年度	4473	8.8	50694			238450
1996年度	2510	5.2	48019	8098	3.1	258653
1997年度	1987	3.7	53972	21248	7.8	271967
1998年度	1065	2.6	40747	17912	6.6	270976
1999年度	751	1.1	66694	7340	2.9	249071
2000年度	995	2.0	48580	8699	3.1	278445
2001年度	1440	4.6	31606	10043	3.3	300868
2002年度	1766	4.8	36858	12408	4.1	305585
2003年度	3143	8.7	36092	15296	4.6	335911
2004年度	4567	12.8	35548	20208	5.4	371755
2005年度	6575	14.5	45461	24414	6.4	384402
2006年度	6169	12.3	50165	30316	6.7	449680
2007年度	6218	8.5	73483	37797	6.9	546839
2008年度	6496	5.0	130801	49002	7.2	683872

出所：『ジェトロ白書投資編　世界と日本の海外直接投資』『ジェトロ貿易投資白書』各年版より作成。ただし2005年度より数値は国際収支ベースに変更された。

　そして現在の中国経済は自他共に認める「経済大国」として、その存在感を世界にみせつけている。表9-3は現在の中国経済の実力の一端を示すものである。

　この表によれば、2008年、中国の経済力は日本の経済規模に拮抗するまで

表9-3　日米中の経済比較

	日　本	アメリカ	中　国
名目GDP（2008年）	約4兆9,600億ドル	約14兆2,100億ドル	約4兆5,800億ドル（推計）
人口（2008年）	約1億2,700万人	約3億900万人	約13億3,600万人

出所：財務省財務総合政策研究所編（2009）『財政金融統計月報』第686号、6月号、43-45より作成。

に成長した。日本の成長力と中国の成長力を考慮すれば、間もなく日本に並び、さらに追い越すのは時間の問題であろう。とはいえ、人口規模でいえば、中国はおよそ日本の10倍の大きさであるから、1人当たりで考えると、まだ10分の1程度にとどまる。もちろんアメリカとの比較でいえば、中国も日本もその経済規模はアメリカの3分の1程度にすぎない。

　こうした成長を受けて先進国の企業はいずれも中国の市場を目指し、そこで一定のシェアを確保しようと努力を続けている。そうしたなかで日本企業をはじめとして、先進国企業はどのような戦略で中国市場に参入したのであろうか。次にそのことについて論じよう。

3. 日系企業の中国進出の意味

　日系企業の対中国直接投資は、表9-2ですでにみたように1980年代まではそれほど本格的な展開をみたわけではない。その当時の中国向け投資は、中国の安価な労働力を利用して生産し、日本あるいは海外に向けて輸出するという考え方であった。こうした傾向は、当時、中国向け直接投資額で圧倒的な地位を占めた香港や台湾企業の投資のほとんどが、中国沿海諸州の労働集約的な輸出志向プロジェクトに向けられていたことと同様である（Liu and Song, 1997: 77）。

　こうして中国は「世界の工場」としての地位を確立していったが、やがて、1990年代に入り中国国内市場が成長するにつれて、現地で生産したものを現地で販売するという志向に変化していく。この流れに符合するように、日本企業の対中国進出は加速し、年間十数億ドル単位の直接投資が中国に対して行わ

れることになる。さらに2001年、中国がWTOに加盟することで、上記の流れはいっそう加速化し、対中国向け直接投資はさらに本格化することになった（表9-2参照）。つまり中国経済は「世界の工場」という地位に加えて、「世界の市場」としての地位を新たに付加することになったのである。

4. 日系企業の中国市場攻略と現地企業の反攻

「世界の市場」となった中国に対して、日本企業をはじめとする先進国企業はどのように中国市場に向かったのであろうか。一般的に先進国企業が中国のような新興国市場を攻略する際、以下のような戦略を採るといわれる。まず、新興国市場は3つないし、4つの市場に分かれているとされる。例えば、カナ・パレブ（2007）によれば、新興国市場は、①グローバル・セグメント、②グローカル・セグメント、③ローカル・セグメント、④底辺の4つの顧客層からなっている。図9-1は開発途上国の市場構造を模式化したものである。これは中国のような新興国では妥当しない可能性もあるが、中国ではグローバル・セグメント層が開発途上国のそれよりも大きく、このセグメント層に向けて先進国企業が最初に参入する。

それぞれのセグメントは以下の特徴をもっている（カナ・パレブ、2007: 26-27）。

・グローバル・セグメント：グローバルな品質とグローバルな特性をもち併せた製品、すなわち先進国の製品と同じ品質と特性を備えた製品を求め、そのような製品にグローバル価格を支払う用意のある層
・グローカル・セグメント：品質は世界標準を求めるが、現地の特性や慣性を重視し、グローバル製品よりも低価格の製品を要求する層
・ローカル・セグメント：現地の特性が反映され、現地の標準価格のローカル製品を求める層
・底辺：最も安価な製品しか買えない層で、ミシガン大学スティーブン・M・ロス・スクール・オブ・ビジネス教授のC・K・プラハラードがいうところの「ボトム・オブ・ピラミッド」層（C. K. プラハラード、2005参照）

開発途上国において、製品や経営資源の市場は4つの層に分類できる。

Global
グローバル
ピラミッドの最上層は「グローバル・セグメント」である。製品市場の場合、この層は、先進国の製品と同じ特性と品質を持ち合わせた製品を求め、世界標準の価格を支払う用意のある消費者からなる。人材市場の場合、この層にはインド経営大学院の卒業生など、世界標準の給料を要求するトップ・クラスのマネジャーがこの層に属する。

Glocal
グローカル
グローバル・セグメントのすぐ下には「グローカル・セグメント」がある。製品市場の場合、この層は、世界標準に近いカスタマイズされた製品を求め、グローバル消費者よりも多少低い価格を支払う用意のある消費者からなる。宿泊先ならば、フォーシーズンズホテルではなくシャングリ・ラ・ホテルやタージ・ホテルを好む中国人やインド人の企業幹部がこの層の消費者の例である。人材市場で見れば、多少給料が低くとも、多国籍企業よりも現地企業を選ぶ、有能なマネジャーがこの層に属する。

Local
ローカル
この「ローカル・セグメント」の消費者は、ローカル価格のローカル製品に満足する。人材市場の場合、このセグメントのマネジャーは、給料が平均を上回る限り、世界標準を下回る労働条件を受け入れる。

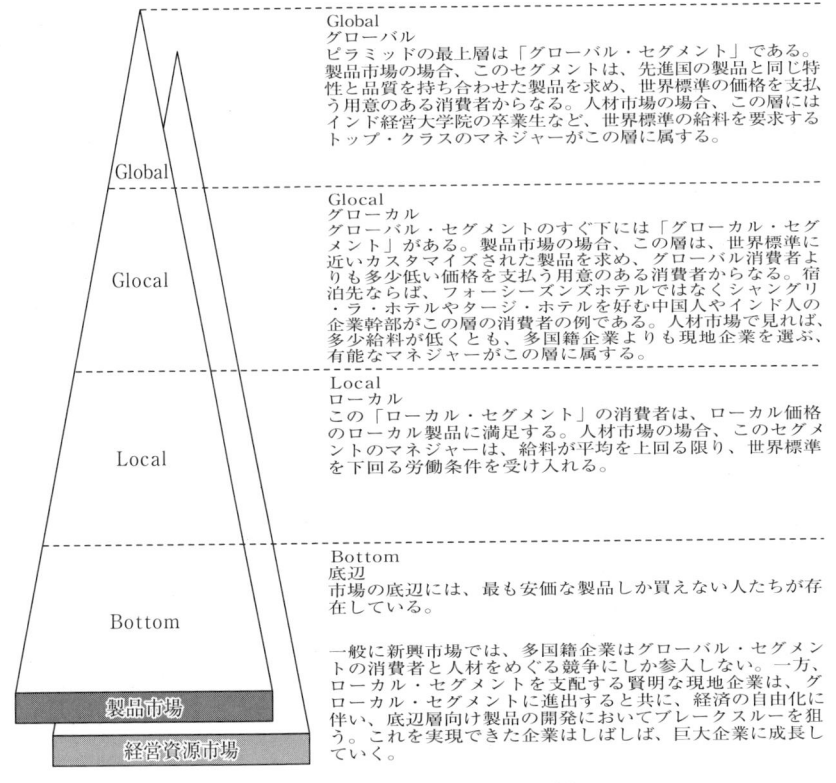

Bottom
底辺
市場の底辺には、最も安価な製品しか買えない人たちが存在している。

一般に新興市場では、多国籍企業はグローバル・セグメントの消費者と人材をめぐる競争にしか参入しない。一方、ローカル・セグメントを支配する賢明な現地企業は、グローカル・セグメントに進出すると共に、経済の自由化に伴い、底辺層向け製品の開発においてブレークスルーを狙う。これを実現できた企業はしばしば、巨大企業に成長していく。

図9-1　開発途上国の市場構造
出所：タルン・カナ／クリシュナG.パレプ、マクドナルド京子訳（2007）「新興市場で成長する企業の条件」『Diamondハーバード・ビジネス・レビュー』、6月、27．

このうち、グローバル・セグメントと呼ばれる市場に先進国企業はなだれ込み、まずこのセグメントを支配するという。逆にローカル・セグメントは現地企業が支配するという構図である。そして、時間の経過とともに、グローカル・セグメントが現地企業と外国企業のせめぎ合いの場となるのである（カナ・パレブ、2007: 28）。

ガッディシュ・フィリップ・ベストリング（2008）は、中国市場へ参入する外資系企業の採る一般的な参入の戦略は、プレミアム・セグメントと呼ばれ

る市場がターゲットになると述べている。彼らによれば、中国市場は3つの市場からなっており、図9-2はその様相を中国テレビ市場の構造を用いて示しているが、中国の市場全体にも応用できるという。

この図は中国市場が3つの層に分けられることを示しており、市場全体がプレミアム・セグメント、グッドイナフ・セグメント、そしてローエンド・セグメントから構成されている。

こうした3つのセグメントが形成されたのは比較的最近で、当初の市場構造は単純であった。それは市場の上位に小規模のプレミアム・セグメントがあり、外国資本はこのセグメントを攻めること（Gong, Li and Li, 2004: 48；チェン・ビシュワナス、2005: 15）で、高い利益率と急成長を享受してきた。下位市場には巨大なローエンド市場があり、中国企業はこのセグメントに向けて、低品質の模倣品を高級品に比べて40％から90％も安い価格で販売してきたという（ガッディシュ・フィリップ・ベストリング、2008: 90-91）。

	PREMIUM プレミアム （小規模）	GOOD-ENOUGH グッドイナフ （急速に拡大中）	LOW-END ローエンド （成長の基盤）
定　義	プレミアム製品を、購買力が大きい目の肥えた顧客に販売する。	中国製だが、品質は合格点をクリアしている。お買い得品が好きな中規模所得の消費者に販売される。	最低限のニーズを満たした低品質の製品を中国企業が製造し、低所得層の消費者が購入している。
主なメーカー	松下電器、フィリップス、ソニー	ハイセンス 海信集団、スカイワース 創維集団、TCL	コンカ 康佳集団
特　徴	LCD（液晶ディスプレー）やプラズマ・スクリーンなど、高度な機能を豊富に搭載し、国際ブランドのステータスにふさわしい価格が設定されている。	スクリーンは液晶やプラズマ、および大型ブラウン管で、高度な機能が豊富とはいえないが、価格は外国ブランドと比べて割安。	スクリーンはブラウン管で、機能は基本的なものに限られている。低価格部品を使い、価格を抑えている。
シェア	13％ （2005年現在）	62％ （2005年現在）	25％ （2005年現在）

図9-2　中国のテレビ市場の構造

出所：オリット・ガッディシュ／フィリップ・レオン／ティル・ベストリング、山本冬彦訳（2008）「中国ミドル市場を制するものが世界を制す」『Diamondハーバード・ビジネス・レビュー』、7月、91。

そして現在では、これらのセグメントの間に急速に拡大しているグッドイナフ・セグメントが存在しているのである。グッドイナフ・セグメントが急速に拡大した理由は、消費者の所得が増えて、これまでのローエンド製品からよりハイエンドな製品に乗り換える場合と、高所得者層が高価な海外ブランドから離れ、比較的安価で、それなりの品質を備えた国産品に乗り換える場合の両者が考えられる（ガッディシュ・フィリップ・ベストリング：91；ゲマワット・ハウト、2009: 14）。

図9-2にあるように、中国のテレビ市場ではプレミアム市場が全体の13％であるのに対して、急速に拡大しているといわれるグッドイナフ・セグメントは市場全体の62％を占める。この状況を外国企業の視点でみてみると、当初参入したプレミアム・セグメントで一定のシェアを占めて利益を享受したにもかかわらず、グッドイナフ・セグメントが急速に立ち上がり、もともとプレミアム市場の顧客であった層がグッドイナフ・セグメントに流出していき、徐々にプレミアム・セグメントが縮小していることを予想させる。そのことは外資系企業にとってはこれまでの基盤が失われることを意味し、次の一手として、急速に成長する巨大な市場としてのグッドイナフ・セグメントを攻略することが急務となるであろう。

他方で、ローエンド市場で存在感を示してきた中国企業も、その実力を高め、同じくグッドイナフ・セグメントに這い上がろうとする。さながら、そこでの競争は、「上から」参入しようとする外資系企業と、「下から」這い上がろうとする中国企業の激戦場と化すことになろう（ガッディシュ・フィリップ・ベストリング：94-97）。したがって、外資系企業にとっての目下の最大の課題は、中国企業との競争においてグッドイナフ・セグメントをいかに攻め落とすかということであるし、中国企業にとっての最大の課題は、グッドイナフ・セグメントでの戦いを制し、これを梃子に、他の新興国市場や先進国市場攻略に向けた第一歩を踏み出すことである。そのためこれは、中国企業にとっても負けることが許されない戦いなのである。

日本企業も、中国でのビジネスは他の先進国企業と同様の問題にぶち当たる。当初、日系企業の製品は割高であり、現地市場では高機能の「ハイエンド

製品」として位置付けられた。そしてそのセグメントである程度の市場シェアを確保してきた（『日経ものづくり』2008年6月：55）。やがて、現地企業が機能を絞った安い製品を投入し、その市場が拡大することで、日系企業のシェアは全体として低下した。その例は図9-2にもあるように、プレミアム市場で松下電器（現在パナソニック）やソニーが他の先進国企業と競争しているにもかかわらず、プレミアム市場は徐々に縮小し、グッドイナフ市場が急速に拡大している様子から明らかであろう。

　また中国ビジネスで成功を収めている資生堂の元社長である弦間明氏によれば、資生堂の海外展開の基本はプレステージ（高級品）市場で自らのブランドイメージを確立して、その後ミドル（中低価格）、マス（低価格）市場へと進出することにあると述べている（弦間、2005：13）。こうした戦略は中国事業でも貫かれており、資生堂の中国戦略の要は、やはりプレステージ・セグメントを攻略することから始まっている。同じ化粧品企業であるカネボウ化粧品や大手アパレル衣料のイトキン、あるいは菓子パン材料企業なども富裕層をターゲットにした参入戦略を行ってきている（『日本経済新聞』2009年7月14日、7月22日、8月4日朝刊）。また、キッコーマンの醤油やヤクルト（『日本経済新聞』2008年7月26日朝刊）、あるいはアサヒビールの牛乳（『週刊東洋経済』2008年5月17日号）などもすべて富裕層向けの製品として中国市場で販売されている。

　こうして多くの日本企業も他の先進国企業同様、中国市場参入に際して、プレミアム市場から参入し、そこでのシェア獲得を志向し、さらにその維持を目指した。しかし、やがて現地企業が、品質が良くて値頃感のある製品を市場に投入することで、グッドイナフ・セグメントを急拡大させ、さらにプレミアム市場全体の規模を縮小したり、侵食したりしつつあるか、やがてそうなることが予想される。こうした状況を考慮するとき、日本企業が従来のプレミアム市場にとどまることは必ずしも得策でないばかりか、グッドイナフ・セグメントに進出して、現地中国企業と真っ向勝負をすることの必要性が高まっているといえよう。

　このように競争環境はますます激しいものになってきている。また、中国企

業がすでに優位に展開し、競争環境は厳しさを増しているグッドイナフ市場であっても、この市場を攻めることが日本企業にとってとりわけ重要であることはいうまでもないだろう。なぜならグッドイナフ市場は、プレミアム市場と比べて、圧倒的に大きな巨大市場であるだけでなく、日本国内の市場の成熟化を考慮したとき、とりわけ魅力的な市場であることは明白である（『日経ものづくり』2008年6月：55）。ただし、このセグメントでの競争は、日本企業をはじめとする先進国企業にとっては、とても攻略の難しい市場でもある。なぜならこの市場は、これまでの日本企業が採用してきたやり方に大幅な変更を迫る可能性があるからである。

5. 日系企業の生き残りを賭けて

　グッドイナフ・セグメントは魅力ある市場であるが、先進国企業と中国企業が真っ向から競争する戦いの場である中で、中国にいる日系企業はどのような戦略でこれに対応しようとしているのであろうか。あるいはどのように対応する戦略がありうるのか、そうしたことを検討しよう。

　日系企業がプレミアム市場からグッドイナフ・セグメントに出て行くか否かの決定に際して、考慮すべき2つの要因がある。1つがプレミアム市場の今後の成長性の見込みと、もう1つがプレミアム市場における自社の市場地位である。

　プレミアム市場の動向を考えるとき、まず中国市場全体がどのように変化していくのかということの企業側の認識が重要となる。すなわち既述のプレミアム・セグメント、グッドイナフ・セグメント、そしてローエンド・セグメントの構成がどのように変化していくのかということをどのように考えるのかということである。しかしながら、外資系企業にとって当面考慮すべきセグメントは、プレミアム・セグメントとグッドイナフ・セグメントの2つであろう。例えば、多くの論者が指摘するように（Choi and Nailer, 2005; Dawer and Chattopadhyay, 2002参照）、プレミアム市場はやがて縮小し、グッドイナフ・セグメントが主要市場になると考えるのか、あるいはグッドイナフ・セ

グメントは拡大するけれども、プレミアム・セグメントはそれなりの経済規模をもって推移していくと考えるのかということである。

次に、現在外資系企業が主戦場としているプレミアム・セグメントでの自社の地位が問題となる。例えば、プレミアム・セグメントで強力な地位を築いている場合とそうでない場合とでは、そもそもグッドイナフ・セグメントへの進出の緊急性は異なる。強力な市場地位を築いている場合にはグッドイナフ・セグメントへの進出の必要性はそれほど高くない。逆に強力な地位を築いていない企業にとってはプレミアム・セグメントで努力するよりもグッドイナフ・セグメントの方がより好ましい市場に映るはずである。

この2つのことがらを軸として考えてみると、図9-3が描かれる。

この図はガッディシュ・レオン・ベストリング（2008）の図を参考にしているが、彼らはグッドイナフ市場への参入について外資系企業だけでなく中国企業も併せて1つの図で論じようとしているが、それは必ずしも成功しているとはいえない。ここでは外資系企業、とりわけ日系企業がグッドイナフ・セグメントに参入すべきか否かを論じているため、彼らの図を参考にして日系企業の選択肢として作成したものである。

図9-3では日系企業の選択肢として基本的に4つの選択肢があることが示されている。それぞれの戦略の概要について説明しよう。

	維持・拡大	縮小
強	現行維持	攻め
弱	待ち	放棄

自社の強み／プレミアム・セグメント

図9-3　日系（外資系）企業の選択肢

(1)　「現行維持」戦略

　この戦略ではプレミアム・セグメントは維持あるいは拡大すると考えるとともに、そのセグメントにおいてすでに強力な地位を築いている企業が採用する戦略である。この場合、本国市場と同じ製品を購入してくれる現地の顧客の要望に応える戦略であり、みずからのブランド力、技術力を強化することにより、当面グッドイナフ・セグメントに進出する必要はないと考える。「現行維持」戦略はプレミアム・セグメントに基本的にはとどまる戦略といえよう。

　しかし、こうした戦略を採れる企業はよほど恵まれた企業であり、多くの企業で採用可能な戦略とはいえない。ガッディシュ・レオン・ベストリング（2008）によれば、某オートメーション機器メーカーは、プレミアム・セグメントにとどまることを決めたという。この場合、当該企業に対して顧客が高い信頼性を置いており、そのために高い対価を支払ってもかまわないと考えているということが調査で明らかになったからだという。このためこの企業は現地企業との差別化をさらに図るため研究開発投資を継続し、顧客対応改善のための数々の施策を導入しているという（ガッディシュ・フィリップ・ベストリング、2008: 93）。

　ただし、こうした「現行維持」戦略を採った場合の問題点として次のようなことが指摘できる。第1に、プレミアム・セグメントは見込み通りに成長していくのかどうか、あるいは成長は望めないにしても一定規模の市場として存在し続けることができるかどうかということである。第2に、このプレミアム・セグメントで、これまで通りのシェアを確保できるのかどうかという問題がある。このセグメント内において、他の外資系企業との攻防をうまく切り抜けることができるのかどうかが問われる。第3に、プレミアム・セグメントが維持あるいは拡大するとしても、着実に力をつけて駆け上がってくる現地中国企業との戦いにおいて、これまで通り外資系企業が現地企業を押さえ込むことができるかどうかということが問題となる。

（2）「待ち」の戦略

　この戦略はプレミアム・セグメントが拡大ないし維持されると考えるが、なにぶん自社のこのセグメントでの地位が弱い企業にみられる戦略である。プレミアム・セグメントが期待通りに拡大するとすれば、何とかこのセグメントで生き残り、少なくとも一定程度の市場シェアを確保しようとするが、それでもこのセグメントでの地位が不安定化するとすれば、グッドイナフ・セグメントに出て行かざるをえなくなる。当面は、プレミアム・セグメントで生き残りを図り、それが無理であれば、グッドイナフ・セグメントに出て行くものの、それまでは様子をうかがう「待ち」の戦略である。

　この戦略は、プレミアム・セグメントがやがて成長してくることでこのセグメントが拡大し、その拡大した市場の一定部分を占有することができるであろうと考える。こうした戦略も「現行維持」戦略同様、一定のプレミアム市場が今後も維持あるいは拡大するかどうかということが問題となる。これについて Dawar and Chattopadhyay（2002）は、プレミアム市場が拡大して、新興市場の消費者もグローバルな製品を購入することができるようになると考えることは正しいが、それが実現するには時間がかかると述べている（Dawar and Chattopadhyay, 2002: 458-459）。したがってこの含意は「待ち」の戦略の危うさを示したものであろう。

　第2に、すでにプレミアム・セグメントにおいて自社は弱い立場にあるとき、仮に市場が成長したとしても、現在と同様のシェアを維持できるかどうかという問題もある。むしろ強い競争相手によって、現在よりもさらに弱者の立場に追い落とされる懸念がないわけではない。この「待ち」の戦略は「現行維持」戦略と異なり、プレミアム・セグメントにとどまるという強い意志を保持しているわけではなく、願わくばプレミアム・セグメントにとどまりたいという期待をもつが、それが無理であれば、グッドイナフ・セグメントに出て行かなければならないと考える、いわば「不承不承」の戦略ともいえよう。

　第3に、「不承不承」で参入したグッドイナフ・セグメントだが、このセグメントで成功できるという保証はない。なぜなら次に述べる「攻め」の戦略と異なり、企業の体制づくりが十分ではないためである。

以上の問題点を考慮すると、「待ち」戦略は、成功のハードルがかなり高い戦略といえよう。ただしこれから述べる松下の電子レンジの事例（Choi and Nailer, 2005: 184-185）は、プレミアム市場での失敗を梃子に、グッドイナフ・セグメントに進出して成功した事例の1つである。

　松下は1995年に、アメリカ向け輸出ならびに現地販売のための電子レンジの工場を上海に設立した。当初アメリカ向け輸出は伸びたが、現地での販売は伸びず、4年間赤字続きであった。1999年になると、中国企業が現地市場を支配し、アメリカ市場も浸食し始めた。松下経営陣は上海で負けることになると、世界中で競争力を失うと考えた。しかしながら松下の電子レンジの最低価格は70ドルで、中国製（広東格蘭仕）は36ドルであった。この価格差の要因は日本製輸入部品の高い価格であった。そこで現地中国で部品を調達するための専門家を採用した。さらに2000年にはコストを下げ、製品価格を下げる目的で現地化政策を実施した。具体的には、現地部品、材料調達をさらに進めること、現地の顧客ニーズ、製造能力に合ったデザインの仕様にすること、アメリカ・ケンタッキーにあった工場を閉鎖し、上海に生産を集約することである。これにより、48ドルまで製品価格を下げることができたが、中国製品よりまだ33%高かった。

　しかしこの効果は2002年に現れた。その年の上海工場の生産量は240万ユニットで、輸出は80%、現地中国での販売は2000年の2.5倍の43万ユニットとなった。この転換の成功のポイントはグッドイナフ・セグメントで中国企業が支配的になりそうなことを察知して、松下が果敢にこの市場を攻めたことにある。具体的には現地サプライヤーから部品・材料を調達し、そのための調達専門家を採用して製造の現地化を推進したこと、現地の材料を用い、現地エンジニアによる、コスト削減と製品モデルデザインを実施したこと、現地企業よりも若干高めの価格設定ながら、グッドイナフ・セグメントをターゲットにしたこと、そして、中国に電子レンジの生産を集約し、さらにこの工場をグローバルな製品供給の拠点として位置付けたことである。松下の成功例を参考にして、東芝やパイオニアもこれに倣うようになった。

　以上のように、松下の例は当初のプレミアム・セグメントの市場が危機に

さらされたとき、大胆でかつ迅速な意思決定を行うことにより、グッドイナフ・セグメントに進出することで成功を収めることができた事例である。ただし「待ち」の戦略は、少なくない日系企業が直面する状況であるが、プレミアム・セグメントでの生き残りに関する経営陣の危機感、それを背景とした大胆で迅速な意思決定によるセグメント変更、現地化への移行、さらには上海工場のグローバルマンデートとしての役割変更（Anand and Delios, 1996: 56; グローバルマンデートに関しては榎本、1988；榎本、1989参照）など、これまでの考え方の転換を図らなければ成功は難しいということを示す事例である。

（3）「攻め」の戦略

　この戦略は自社の強みはあるが、プレミアム・セグメントがやがて浸食され縮小すると考える企業が採用する戦略である。この場合、企業はプレミアム・セグメントでの優位性を確保しつつ、これに加えて、グッドイナフ市場、あるいは「Value for money（お金に見合う価値）」（Williamson, 2009 参照）市場にも積極的に参入しようとする戦略をいう。この市場はすでに述べたように、巨大な市場であり、このセグメントで一定のシェアを獲得することは、中国市場を手中に収めることだけでなく、他の新興国市場への進出も可能にし、さらには先進国市場における市場をも手にすることができる。こうした意味で中国市場での成功は、やがて日系在中国子会社にWPMの役割を付与することになるであろう（榎本、1988）。

　この戦略は、これまでの「現行維持」戦略や「待ち」の戦略とは異なり、プレミアム・セグメントに加えて、グッドイナフ市場をも積極的に攻める戦略であり、この成功は今後の日系企業のグローバルな展開にとってとりわけ重要となる。したがって、プレミアム・セグメントとグッドイナフ・セグメントという本来「二律背反の戦略を二股をかけながら進める戦略」（下川、2009: 199-200）ともいえよう。

　しかし、この戦略を成功させるためには、克服すべき大きな課題が少なくとも3つ存在する。第1に、グッドイナフ市場を攻めるには、何といっても価格をどのように下げるのかという問題がある。既存のコスト構造を変えなけれ

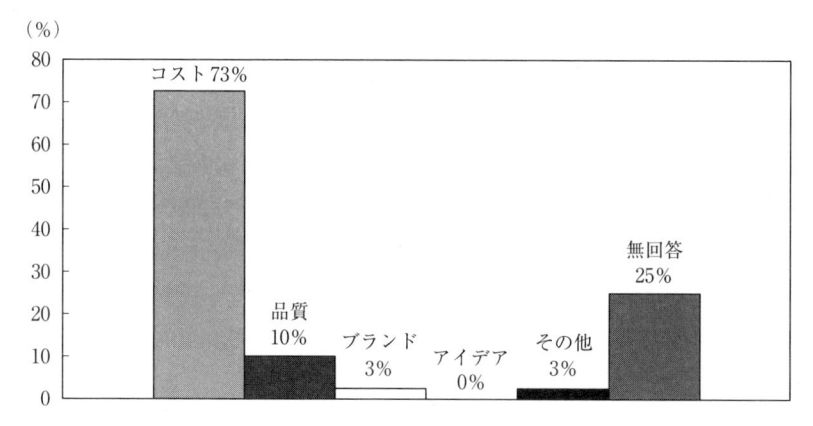

図9-4　現地企業との競争状況（回答総数166）
出所：榎本悟（2006）「技術移転戦略と知的所有権侵害状況―在中国日系企業のアンケート調査に基づいて―」『岡山大学経済学会雑誌』第38巻第1号、58.

ば、現地中国企業と伍して競争することはできない（チェン・ビシュワナス、2005: 15）。図9-4で示されているように、我々が行った2004年の調査においても、日系企業が直面している現地中国企業の駆使する競争手段の最大のものが価格であるということが明らかになっている（榎本、2006参照）。

第2に、このセグメントにおける中国人消費者のニーズが把握できるのかという問題がある（Gong, Li and Li, 2004: 48）。とりわけ、一人っ子政策が施行された1979年以降に生まれた世代は今後の中国の購買力を担う層だが、彼らの価値観はこれまでの伝統的価値観とはまったく異なる。彼らは"six pockets, one mouth"世代といわれるように、一人っ子に対して両親ならびにそれぞれの両親の6人が金庫番となっており、欲しいものは何でも手に入れることができる（Gong, Li and Li, 2004: 42）。また「小皇帝」とも評され、甘やかされた世代であるともいえるが、他方で自分の個性を表現したいという欲求が増加しているといい、これを中国における新たな「ミー・ジェネレーション」が登場する前兆と捉えている論者もいる（マキューアン・方・張・バークホルダー、2006: 125）。いずれにしても購買層の中心になる彼らは「ジェネレーションY」とも呼ばれ、極めて教養が高く、また情報通で、プライドが高いグループである。またこれらの層は欧米の思想や製品に違和感を抱いた

りしないが、自国の文化に誇りを感じている人たちでもある（マキューアン・方・張・バークホルダー、2006: 129）。中国におけるこうした新たな消費者層のニーズをどのように捉えるのかということが問題になる。

　第3に、中国市場は広大であり、消費者に到達するための流通・配給システムをどうするかという問題がある（ヘイリー・ヘイリー、2008: 50-51; Dawar and Chattopadhyay, 2002: 464; Li, Murray and Efendioglu, 2002: 66）。これまで日系企業は沿海諸州、とりわけ上海、北京、広州、天津などの大都市の消費者を中心ターゲットにしてきたが、こうした大都市の人口は中国全人口の6%程度で、GDPの13%を稼ぎ出しているにすぎない。これからはこれらの都市に加えて、人口600万人未満で1人当たりGDPが年間3万4,000元（約50万円）に満たない、比較的小規模な新興都市の消費者がターゲットになる。福州、合肥など、およそ300のこうした都市の人口は全都市人口の53%に相当し、GDPに占める割合も64%に達するためである（ポール、2008: 50）。しかしながら、この市場はまだ手付かずのまま残されており、この市場をめぐる競争が激化しているのである。ただし、こうした市場への接近は容易ではなく、難解かつ多層化した流通システムの非効率性を克服しなければならない。そのためには現地中国企業との提携を通じた協力を得ることが不可欠となるであろう。また、販売チャネルをもたないでネット販売に徹するとか、ダイレクト販売を展開するといったその他の販売チャネルも有効となるであろう。

　以下では、プレミアム・セグメントに参入し、かつグッドイナフ・セグメントに参入した「攻め」の戦略で成功を収めている資生堂の事例をここで紹介しよう。

　資生堂の中国ビジネスは1981年に始まる。日本から輸出された商品が北京飯店や友誼商店といったごく一部の店で販売されるようになった。1983年には生産技術協力の要請が北京市政府企業、日化三廠からあり、シャンプー＆リンスのファーツーというブランドの立ち上げに協力した。その後4回にわたり、この企業に対して技術協力がなされた。1990年ごろには同企業（1987年に日化三廠は北京麗源日用化学品工廠に社名を変更）から合弁企業設立の要請があり、両社の合弁で1991年11月、資本金4,000万元、資生堂65%、麗源

35％の出資で資生堂麗源化粧品有限公司が設立された。1994年にはこの工場から中国専用ブランドの「オプレ（AUPRES）欧珀莱」が発売された（房・藤井、1998: 108-112）。

「オプレ」はメーキャップ製品とスキンケア製品から構成されるが、資生堂は価格帯を口紅が95元、中心価格帯が100元という「100元」マーケティングを展開した。当時の中国では、この価格はプレステージ領域（高級品）ではあったが、一般の人でも何とか手が届くぎりぎりの価格であったという。また「オプレ」の販売は高級百貨店でビューティ・コンサルタント（美容部員）のもとで販売した。それはターゲットを絞り込むことで資生堂の海外マーケティングの基本である、ハイクオリティ、ハイイメージ、ハイサービスを実現するためであった。1990年代初め、資生堂は中国の化粧品ビジネスを「1％マーケティング」と呼んでいた。それは人口13億で、そのうち半分の6億が女性で、その1％がターゲットになるからである。その後1990年代後半に3％、2005年には5％の3,000万人（弦間、2005: 16）、そして2010年までには中国の化粧品人口は、「日本の総人口に匹敵する1億人に達する」と現社長の前田新造は述べている（『日本経済新聞』2009年4月20日朝刊）。

中国女性の肌質を徹底的に追求し（『エコノミスト』2008年3月25日号：72-73）、プレステージ領域でトップブランドとしての地位を確立した資生堂は、さらにグッドイナフ・セグメントへの攻略にも乗り出している。ここでは専門店といわれる優良なハイパーマーケット、ドラッグストアを中心にして、あえて資生堂の名前を冠しない「アウト・オブ・シセイドー」ブランド（弦間、2000: 168）として「ウララ（悠莱）」（『エコノミスト』2007年4月10日号）や「Za」（弦間、2005: 21）というブランドで量販市場攻略を目指している。すでに専門店の数は中国全土で約3,300店あり（『日本経済新聞』2009年4月25日朝刊）、これを2010年度までに5,000店に拡大、全国展開し、「中間所得層」を本格的に取り込む計画である（『産経新聞』2008年4月4日朝刊）。

さらに2004年には上海に「資生堂投資有限公司」という持ち株会社を設立し、中国国内のマーケティング・宣伝、営業機能、経営管理、インフラ機能の統括と域内事業への資源の適正な配分を行うことを計画している（弦間、

2005: 21)。

　このように、資生堂はプレミアム・セグメントでの成功を軸として、巨大市場であるグッドイナフ・セグメントに参入する「攻め」の戦略を展開している。この間、資生堂は「攻め」の戦略で問題となる3つの問題を次のように克服してきている。第1に、価格問題を解決するために、現地企業と技術協力協定、合弁事業を長期にわたって展開し、現地政府、企業との間で信頼関係を確立しているということ、さらに現地で製品を製造することで、価格問題を処理している。第2に、中国人のニーズに合った製品を開発して販売するために、2001年には北京に資生堂（中国）研究所を設立し、中国人専用ブランドの開発に努めているだけでなく、中国で自己完結する事業を目指している。資生堂はますます現地化の度合いを強化しているといえよう。第3に、大都市の富裕層をターゲットにすることに加えて、グッドイナフ市場攻略のために特約店契約を結んだチェーンストア方式の専門店を中国全土に展開している。この方式が流通制度の不備を補う上で、重要な手段となっていることは間違いない。

（4）「放棄」の戦略

　この戦略は、プレミアム・セグメントが縮小する一方、自社の立場も弱い企業が採る戦略である。この場合、このセグメントで引き続き生き残る見込みは少ないため、このセグメントを捨てて、他の戦略を考えることになる。その際、「放棄」の戦略には少なくとも3つの選択肢がありうる。第1はプレミアム・セグメントから撤退し、量販市場であるグッドイナフ・セグメントに参入する戦略である。この場合、既存のコスト構造を変えなければならないのはもちろん、参入先での競争の強さを考慮したとき、現地中国企業との合弁、提携といった協力を推進することで迅速に参入することが必要となろう。第2に、プレミアム・セグメントでの生き残りは断念するが、価値連鎖の一部だけを残して、専門機能に特化する戦略である。いわば部品製造専門企業として生き残りを賭けるということである。第3に、文字通り、プレミアム・セグメントを放棄するだけでなく、グッドイナフ・セグメントへの参入もあきらめ、中国市

場での事業展開を放棄して、別の新興国での新たな展開を考えるという戦略である（カーナ・パレブ・シンハ、2006: 48）。いずれの選択肢も当初のプレミアム・セグメントを固守することができなかったため、そのあとの選択肢を模索することになったわけであるが、将来性を考えると、いずれの選択肢もかなり困難な進路であることは間違いないだろう。

「放棄」の戦略のうち、1つの例としてダイハツの事例を取り上げよう、ダイハツは吉林省吉林市にある一汽吉林汽車に技術を供与し、一汽吉林汽車が車体を組み立て、「大発」ブランドで多目的乗用車を販売していた。しかし、知名度不足から思ったほど販売は伸びず、「大発」ブランドでの販売を中止し、部品供給とロイヤルティー収入に絞ることにしたという（『日本経済新聞』2009年7月18日朝刊）。このようにしてダイハツは価値連鎖の一部を担う日系企業として中国での生き残りを賭けているのである。

また、もともと「放棄」の戦略であるとはいえないが、三菱自動車のように価値連鎖の一部に特化して、生き残りを賭けている企業もある。三菱自動車は1997年に瀋陽に中国企業との合弁でエンジン工場、瀋陽航天三菱を、またハルビンにも合弁のエンジン工場、ハルビン東安を設立した。乗用車生産をにらんだエンジン工場の設立であったが、当時の中国政府は新規の乗用車工場の設立を認可せず、やむなくエンジンの外販に乗り出して投資額の回収に乗り出した。この結果、瀋陽航天三菱は中国系自動車メーカーにとって格好のエンジン調達会社の1つとなり、2005年時点でこの会社の販売先は26社にも及んでいるという（丸川、2007: 214-217）。

このように、機能を絞り込むことで、中国でのビジネスを継続していくことは可能であろうが、日系企業にとってベストの選択肢とはいえない。またプレミアム・セグメントを放棄して、グッドイナフ・セグメントに参入するにしても競争の激化の中で生き残ることは容易ではないであろう。

6. コスト問題の解決のために

これまで、中国における日系企業の生き残りのための4つの基本的な選択肢について論じてきた。この中で、今後の日本企業の採るべき選択肢の王道はプレミアム・セグメントに加えてグッドイナフ・セグメントもターゲットにするということであろう。「待ち」の戦略であれ、「攻め」の戦略であれ、魅力的なグッドイナフ・セグメントを顧慮することなくしてこれからの中国で事業展開することは困難である。とはいえ、このセグメント攻略のためには、プレミアム・セグメント攻略とは異なる方法で競争することが要請される。とりわけ、「攻め」の戦略で問題になるとした3つの問題のうち、コストの問題が最大の課題となる。現地中国企業との競争は熾烈を極め、その熾烈さに対抗するためには、日系企業の既存のコスト構造を大幅に変更することが必要となる。中国における競争の過酷さを表して、「ソラソラ・ドラドラ」とも呼ばれるのはこのためである。その意味は、需給が逼迫して利益が上がるとみれば、そこをめがけて集中豪雨的な新規参入が起こり、あっという間に大幅な過剰供給の状態が生み出されるというのである。つまり「少了少了（ソラソラ＝足りない）」といっていたら、あっという間に「多了多了（ドラドラ＝もうたくさん）」となってしまう現象を音符になぞらえたものであるという（遊川、2007、123頁）。したがって、本来コスト競争力をもつ現地企業との戦いで、容易に供給過剰の状態がもたらされるなかで、コストをいかにして下げるのかということが最大の問題となる。

ちなみに、中国自動車企業の奇瑞汽車は排気量800ccの「QQ」という車種を1台3万800元（約44万円）から販売しているし、同じく民族系企業の吉利汽車は1,300ccの「熊猫」を4万1,800元（約60万円）で売り出している。またもう1つの民族系企業である、比亜迪汽車（BYD）の販売する1,500ccのF3は5万6,800元（約81万円）であるという（『日本経済新聞社』2009年5月5日朝刊）。いずれも日本企業が提供する自動車に比べて、価格は2分の1から3分の1程度であり、しかも排気量の小さい車が中心である。

また、自動車に限らず、日本企業が提供する製品は現地企業の価格と比べ

て高額であるため、そのままの価格でグッドイナフ・セグメントに提供することはできない。それは日系企業の既存のコスト構造からしていわば当然である。このため、現地日系企業はコストを下げるためのいろいろな方策を講じている。例えば、日本からの輸入部品を現地部品に代えるとか、日本からの派遣社員の数を減らすとか、現地に研究開発施設を設け、現地の部品や材料を用いて、現地のエンジニアによる、現地のニーズに合った製品・サービスを提供しようとしている。

　さて、上記のような「現地化」を推進することで、どれだけのコスト削減が可能になるのかということについていくつかの先行研究をみてみよう。

　ファレル（2005）は多国籍企業が新興市場で成功するためにはオフショアリング（海外移転）を行うこと、そしてそれに伴ういくつかの方策を併せて実施することで、コストを最大70％まで削減することが可能であるとしている。

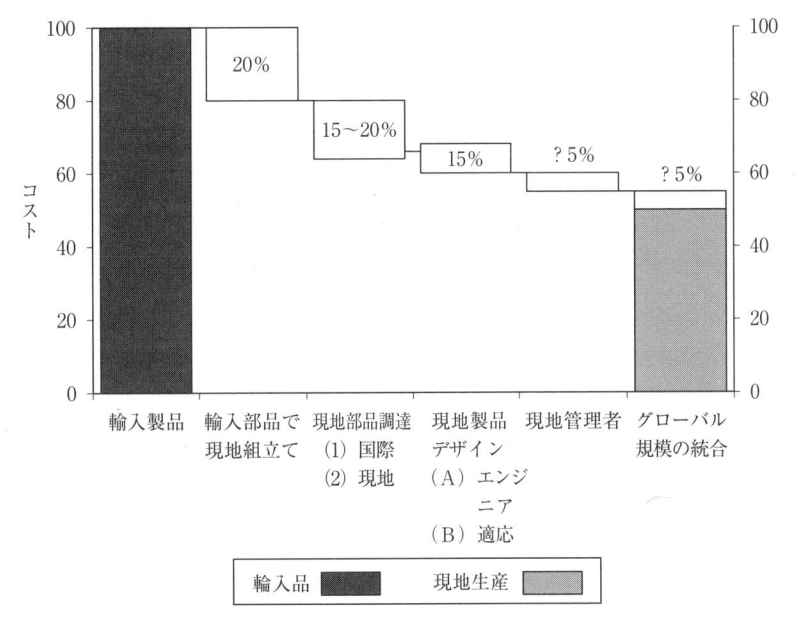

図9-5　現地化による50％削減

出所：Chong Ju Choi and Christopher Nailer (2005) "The China Market and European Companies: Pricing and Surviving the Local Competition," *European Business Review*, Vol.17, No.2, 187.

具体的にはオフショアリングで現行コストの半分に、そして業務の再構成と従業員教育で5%、さらにプロセス全体の改善によって15%、合わせて70%のコスト削減につながると指摘している（ファレル、2005: 31）。

またChoi and Nailer（2005）も現地化によるコスト削減のメリットを指摘し、図9-5を掲げている。これによれば、現行輸入製品の価格を、現地化することで50%削減できるという。そのプロセスは5段階に分けられる。

第1段階：輸入部品を現地で組み立てることで関税が20%削減できる。

第2段階：部品を現地調達することでおよそ15〜20%のコスト削減が可能になる。その場合、中国現地で操業している多国籍企業のサプライヤーの利用で約半分、さらに高い割合の節約は現地サプライヤーの利用で達成される。

第3段階：製品のデザインと開発を現地化することで、およそ15%のコスト削減が可能となる。この場合、現地のエンジニアを使い、現地の部品を用いて、現地のニーズに合った適応製品を作り出すことが重要になる。

第4段階：本国から派遣するよりも現地管理者を雇用することで、およそ5%のコスト削減につながる。ただし現地中国では、こうした能力をもつ現地管理者層の不足がいわれている。

第5段階：グローバルな配給ネットワークをもつ多国籍企業は、中国事業を中国国内だけでなく世界中に供給する拠点として位置付けることで、さらにコストを削減することができる（Choi and Nailer, 2005: 185-186）。

以上のように、日本企業をはじめとする多国籍企業の製品価格を削減する手段として、現地化のメリットはとても大きい。現地化の過程で重要なことは、現地の部品を用い、現地の人を採用し、現地のニーズに合った製品を研究開発するということが、現地中国企業と互角に競争するために不可欠となる。また製品価格の削減だけでなく、現地の流通システムの整備、あるいは現地部品企業の協力や育成といった価値連鎖と価値連鎖をつなぐ「価値システム」（ポーター、1985: 46-47）全体における現地企業との協力が欠かせないものとなろ

う。この意味で、グッドイナフ市場への日本企業の参入は、これまでの日本企業の経営方法の見直し、さらには新たな経営方法を創造する過程となるであろう。

7. おわりに

　近年、中国の驚異的な経済成長を背景にした中国国内市場の発展を目の当りにして、各国企業は大挙して中国に進出し、またすでに進出している企業はその目的を中国国内市場志向に大きく目的を転換した。日本企業もそうした進出を積極的に推進し、中国国内市場で一定の成果を上げてきた。しかしながら、当初参入したプレミアム・セグメントは外資系企業の主戦場であり、なおかつ現地中国企業も虎視眈々と攻め上がる様相を示すなか、新たに拡大しつつあるグッドイナフ・セグメントがにわかに注目を浴びるようになってきた。このセグメントに対して、「上から」攻め込む外資系企業と、「下から」攻め上がる現地中国系企業の激烈な競争が展開されるなかで、日系企業のこれからの戦略的選択肢はどのようなものがあるのかということを論じた。このなかで、日本企業の最良の選択肢は、プレミアム・セグメントとグッドイナフ・セグメントの両セグメントを同時に攻める戦略であることも示した。しかしながら、こうした両立の戦略は口で言うほど簡単ではない。とりわけ日本企業のコスト、中国市場のニーズ、そして流通制度の問題を克服し、なおかつ中国の環境の変化のスピード、そして中国企業のハングリーさ（井植、2004）を虚心坦懐に考慮することなくして、中国市場を攻略することは難しい。そのための方策として、日系企業単独で実行するのが困難な場合、現地中国企業とのさまざまな連携、協力を通じてこうした問題点を克服することが必要になるであろう。今後、日系企業がどのようにして問題点を克服するのか、結果をみるには今少し時間を必要とする。しかし、多くの日系企業が中国を手始めに、中国市場のプレミアム・セグメントとグッドイナフ・セグメントの両方で成功することが、他の新興諸国市場で成功を収めるための足がかりであろう。また、それこそが、21世紀の日本企業に課された大きな課題となるであろう。

参照文献

著書・論文

Anand, Jaideep., Delios, Andrew (1996) "Competing Globally: How Japanese MNCs Have Matched Goals and Strategies in India and China," *Columbia Journal of World Business*, Fall, 50-62.

房文慧・藤井隆至（1998）「中国の化粧品企業における外国経営資源の導入過程―資生堂麗源化粧品有限公司の事例―」『新潟大学経済論集』第64号、103-115.

チェン、A.、ビシュワナス、V.（2005）「中国消費財市場の成功法則」『Diamond ハーバード・ビジネス・レビュー』2005年8月号、15-16.

Choi, Chong Ju., Nailer, Christopher (2005) "The China Market and European Companies: Pricing and Surviving the Local Competition," *European Business Review*, Vol.17, No.2, 177-190.

仲大軍、坂井臣之助訳（2009）『中国は世界恐慌にどこまで耐えられるのか』草思社。

Dawar, Niraj., Chattopadhyay, Amitava (2002) "Rethinking Marketing Programs for Emerging Markets," *Long Range Planning*, vol.35, 457-474.

榎本悟（1988）「World product Mandates（世界製品開発戦略）について」『徳島大学社会科学研究』第1号、71-89.

榎本悟（1989）「カナダにおける多国籍企業子会社の将来」『カナダ研究年報』第9号、18-30.

榎本悟・張紅・北川博史（2005）「日本企業の対中国投資の概観―企業と共生の論理の展開のための序論―」岡山大学大学院文化科学研究科『文化共生学研究』第3号、41-56.

榎本悟（2006）「技術移転戦略と知的所有権侵害状況―在中国日系企業のアンケート調査に基づいて―」『岡山大学経済学会雑誌』第38巻第1号、53-75.

ファレル、ダイアナ（2005）「新興市場で成功する方法」『Diamond ハーバード・ビジネス・レビュー』2005年5月号、22-35.

ガッディシュ、O.、レオン、P.、ベストリング、T.（2008）「中国ミドル市場を制するものが世界を制す」『Diamond ハーバード・ビジネス・レビュー』2008年7月号、88-102.

ゲマワット、P.、ハウト、T.（2009）「グローバル市場 明日の覇者」『Diamond ハーバード・ビジネス・レビュー』2009年5月号、10-23.

弦間明（2000）『ともに輝く 21世紀と資生堂』求龍堂.

弦間明（2005）「市場としての中国―資生堂のブランド戦略―」『東亜』No. 454.

Gong, W., Li, Zhan G., Li, Tiger (2004) "Marketing to China's Youth: A Cultural Transformation Perspective," *Business Horizons*, Vol.47, No.6, 41-50.

ヘイリー、U. S. V.、ヘイリー、G. T.（2008）「中国製造業のコスト優位の秘密」『Dinmond

ハーバード・ビジネス・レビュー』2008年10月号、12-13.

井植敏（2004）「「アジアン・スタンダード」を発信せよ」『Dinmond　ハーバード・ビジネス・レビュー』2004年3月号、84-89.

カナ、T.、パレブ、クリシュナ G.（2007）「新興市場で成長する企業の条件」『Diamond　ハーバード・ビジネス・レビュー」2007年6月号、22-33.

カーナ、タルン．、パレブ、クリシュナ G.、シンハ、ジャヤント（2006）「制度分析で読み解く BRICs 攻略法」『Diamond　ハーバード・ビジネス・レビュー』2006年5月号、32-49.

可隆（2009）「高度成長を続ける中国経済の実力」可隆・朱炎・金堅敏（2009）『華人経済師の見た中国の実力』日経プレミアシリーズ、18-46.

Li, Zhan G., Murray, L. William., Efendioglu, Alev（2002）"Marketing PCs to China," *Business Horizons*, Vol.45, No.6, 60-66.

Liu, X., Song, H.（1997）"China and the Multinationals-A Winning Combination," *Long Range Planning*, Vol.30, No.1, 74-83.

マキューアン、ウイリアム．、方暁光、張伝平、バークホルダー、リチャード（2006）「中国人都市生活者のプロファイル」『Diamond　ハーバード・ビジネス・レビュー』2006年5月号、122-131.

丸川知雄（2007）『現代中国の産業』中公新書．

プラハラード、C. K.、スカイライトコンサルティング訳（2005）『ネクスト・マーケット』栄治出版．

ポール、ジョージ（2008）「中国の新興都市が次なる成長源」『Diamond　ハーバード・ビジネス・レビュー』2008年5月号、50-51.

ポーター、M. E.、土岐坤・中辻萬治・小野寺武夫訳（1985）『競争優位の戦略：いかに好業績を持続させるか』ダイヤモンド社．

Saran, A., Guo, C.（2005）"Competing in the Global Marketplace: The case of India and China," *Business Horizons*, Vol.48, 135-142.

清水勝彦（2007）『戦略の原点』日経BP社．

下川浩一（2009）『自動車ビジネスに未来はあるか？：エコカーと新興国で勝ち残る企業の条件』宝島社新書．

Williamson, Peter.,（2009）"Cost Innovation: Preparing for a 'Value-for-Money' Revolution," *Long Range Planning*, forthcoming.

山下裕子（2006）「中国―ブランドが競う21世紀資本主義のアリーナ」山下裕子＋一橋大学BICプロジェクトチーム（2006）『ブランディング・イン・チャイナ』東洋経済新報社、3-50.

遊川和郎（2007）『中国を知る』日本経済新聞社．

統計・雑誌など
『エコノミスト』
『ジェトロ白書投資編　世界と日本の海外直接投資』
『ジェトロ貿易投資白書』
国際連合統計局編『国際連合世界統計年鑑』
『日本経済新聞』
『日経ものづくり』
『産経新聞』
『週刊東洋経済』
財務省財務総合政策研究所編『財政金融統計月報』

■著者紹介

玉田　大　（たまだ　だい）
　　神戸大学大学院法学研究科准教授
　　担当章：第1章

成廣　孝　（なりひろ　たかし）
　　岡山大学大学院社会文化科学研究科
　　准教授
　　担当章：発刊にあたって・第2章

鈴木　隆元　（すずき　たかもと）
　　岡山大学大学院法務研究科准教授
　　担当章：第3章

米山毅一郎　（よねやま　きいちろう）
　　岡山大学大学院社会文化科学研究科教授
　　担当章：第4章

松田　陽一　（まつだ　よういち）
　　岡山大学大学院社会文化科学研究科教授
　　担当章：第5章

張　星源　（ちょう　せいげん）
　　岡山大学大学院社会文化科学研究科教授
　　担当章：第6章

津守　貴之　（つもり　たかゆき）
　　岡山大学大学院社会文化科学研究科
　　准教授
　　担当章：第7章・第8章

榎本　悟　（えのもと　さとる）
　　関西学院大学国際学部教授
　　担当章：発刊にあたって・第9章

■編著者紹介

榎本　悟　（えのもと　さとる）

関西学院大学国際学部教授
1949 年　山口県生まれ
1977 年　神戸大学大学院経営学研究科博士課程単位取得退学
小樽商科大学商学部、徳島大学総合科学部、岡山大学経済学部、広島大学経済学部、広島大学大学院社会科学研究科マネジメント専攻、岡山大学大学院社会文化科学研究科教授を経て、2010 年 4 月から現職
博士（経営学）
専門分野は経営戦略、国際経営
主要業績
『アメリカ経営史学の研究』（単著）同文館、1990
『海外子会社研究序説』（単著）御茶の水書房、2004
『経営戦略論』（分担執筆）中央経済社、2006 など

成廣　孝　（なりひろ　たかし）

岡山大学大学院社会文化科学研究科准教授
1971 年　福岡県福岡市生まれ
東京大学大学院法学政治学研究科博士課程単位取得退学
2002 年から現職
主要業績
『ヨーロッパのデモクラシー』（網谷龍介・伊藤武との共編著）ナカニシヤ出版、2009 年
『現代イギリス政治』（共著）成文堂、2006 年

岡山大学社会文化科学研究科学内 COE シリーズ第 2 巻

地域間の統合・競争・協力
── EU と東アジアの現実と可能性 ──

2010 年 4 月 12 日　初版第 1 刷発行

■編　著　者 ── 榎本　悟・成廣　孝
■発　行　者 ── 佐藤　守
■発　行　所 ── 株式会社　大学教育出版
　　　　　　　〒700-0953　岡山市南区西市 855-4
　　　　　　　電話（086）244-1268　FAX（086）246-0294
■印刷製本 ── モリモト印刷㈱

© Satoru Enomoto, Takashi Narihiro 2010, Printed in Japan
検印省略　　落丁・乱丁本はお取り替えいたします。
無断で本書の一部または全部を複写・複製することは禁じられています。
ISBN978-4-88730-967-8